中华优秀传统文化的传承与创新

马 宁 著

中国海洋大学出版社

·青岛·

图书在版编目（CIP）数据

中华优秀传统文化的传承与创新／马宁著.—青岛：
中国海洋大学出版社，2023.3
ISBN 978-7-5670-3459-4

Ⅰ.①中… Ⅱ.①马… Ⅲ.①中华文化—研究 Ⅳ.
①K203

中国国家版本馆 CIP 数据核字（2023）第 046347 号

出版发行	中国海洋大学出版社			
社　　址	青岛市香港东路 23 号		**邮政编码**	266071
出 版 人	刘文菁			
网　　址	http://pub.ouc.edu.cn			
电子信箱	2586345806@qq.com			
订购电话	0532-82032573（传真）			
责任编辑	矫恒鹏		**电　　话**	0532-85902349
印　　制	日照报业印刷有限公司			
版　　次	2023 年 3 月第 1 版			
印　　次	2023 年 3 月第 1 次印刷			
成品尺寸	170 mm×240 mm			
印　　张	10.25			
字　　数	178 千			
印　　数	1～1000			
定　　价	49.00 元			

发现印装质量问题，请致电 0633-8221365，由印刷厂负责调换。

前　言

　　文化是民族的血脉，是人民的精神家园。中华优秀传统文化是中华民族的"根"和"魂"，是中华民族最基本的文化基因，是我们最深厚的文化软实力。习近平总书记高度重视中华优秀传统文化，并将其作为治国理政的重要思想文化资源。他反复强调，中华优秀传统文化是中华民族的突出优势，中华民族伟大复兴需要以中华文化发展繁荣为条件，必须结合新的时代条件传承和弘扬好中华优秀传统文化。因此，在中国梦的视域下探讨中华优秀传统文化的传承与创新，从中华优秀传统文化中汲取实现中华民族伟大复兴的精神力量，是我们当前面临的重大理论和实践课题。

　　中华文化是中华民族的生命命脉，中华文化是中华民族的精神家园，中华文化是中华民族凝聚力和创造力的不竭源泉。中华民族有5000多年连续不断的文明历史，创造了博大精深的中华文化，为人类文明进步作出了不可磨灭的贡献。中华文化积淀着中华民族最深沉的精神追求，包含着中华民族最根本的精神基因，代表着中华民族的独特精神标识，是中华民族生生不息、发展壮大的丰厚滋养。正确认识中华文化的继承发展问题，不仅是关系到当下至未来一个时期的治国理政的大问题，而且是关系中华民族永续发展的大问题。

　　本书重点在以下几个方面有所突破，即从本质的层面探讨弘扬中华优秀传统文化与实现中国梦在学理上的内在关联性及契合性；在现实的境遇中弘扬中华优秀传统文化对实现中华民族伟大复兴提供方向指引；深入分析我国弘扬中华优秀传统文化在实现中国梦的过程中存在的现实问题；进一步完善和创新弘扬中华优秀传统文化与实现中国梦的理论机制和实践途径。

本书在撰写过程中，汲取了许多与本书研究相关的最新信息，借鉴和参考了国内许多专家学者的最新研究成果，在此一并表示感谢。由于作者水平有限，不当之处在所难免，恳请广大读者多提宝贵意见，以便进一步的修改和完善。

作者

2022 年 7 月

目 录

导　　论 ……………………………………………………… 1

　　第一节　研究背景 ………………………………………… 1

　　第二节　研究现状 ………………………………………… 2

　　第三节　研究思路及主要方法 …………………………… 3

　　第四节　研究价值与意义 ………………………………… 4

第一章　中华优秀传统文化传承与创新研究的理论视域和方向指引 …… 8

　　第一节　中华优秀传统文化传承与创新的理论视域 …………… 8

　　第二节　中华优秀传统文化传承与创新的方向指引 ………… 19

第二章　中华优秀传统文化概论 ……………………………… 36

　　第一节　中华优秀传统文化的主要内容 ………………… 36

　　第二节　中华优秀传统文化的发展脉络 ………………… 49

　　第三节　中华优秀传统文化的内在特质 ………………… 55

　　第四节　中华优秀传统文化的实质与意义 ……………… 63

第三章　中华优秀传统文化传承与创新的现实背景和主要问题 ……… 71

　　第一节　中华优秀传统文化传承与创新的现实背景 ………… 71

　　第二节　中华优秀传统文化传承与创新中存在的主要问题 ……… 89

第四章　中华优秀传统文化传承与创新的实现路径 …………… 107

　　第一节　中华优秀传统文化的继承与弘扬 ……………… 107

第二节　中华优秀传统文化的保护与调适 ……………………… 113

第三节　中华优秀传统文化的创造性转化与创新性发展 ………… 126

第四节　推动中华优秀传统文化与国外优秀文明成果的交流互鉴

　　　　………………………………………………………… 146

参考文献 ……………………………………………………… 154

导　论

第一节　研究背景

当今世界经济全球化的加速发展使人类文明相互碰撞、相互融合，各国之间的文化交流日益频繁，文化全球化已经成为客观存在，并深刻地影响着人们的日常生活。文化全球化对中华优秀传统文化的传承与发展来说，既创造了机遇，也带来了诸多挑战。只有主动适应时代发展，处理好继承与创新的关系，兼容并蓄、博采众长，推动中华优秀传统文化的现代化发展，才能实现中国特色社会主义文化的繁荣发展，实现中华民族伟大复兴。

面对文化全球化发展的复杂态势，中华传统文化的现代化发展面临诸多困境。一是中华优秀传统文化是农耕文明的产物，其与文化全球化背景下的现代文化产生了明显的差异与冲突，中华优秀传统文化在时空上的现代化转化存在困难。二是近现代中华民族经历了外来侵略和社会变革等多次动荡，造成人们对中华优秀传统文化的认识产生波动，阻滞了传统文化精神向现代文化精神的转变步伐。同时，我们自己对优秀传统文化的传承与发展也存在诸多认识和运用上的不足。

如何实现文化创造性转化和创新性发展显得十分重要和必要。以习近平同志为核心的党中央非常重视中华优秀传统文化的传承与发展问题。习近平在纪念孔子诞辰 2565 周年国际学术研讨会暨国际儒学联合会第五届会员大会开幕会上指出，"优秀传统文化是一个国家、一个民族传承和发展的根本，如果丢掉了，就割断了精神命脉"。中华优秀传统文化的传承与发展要"努力实现传统文化的创造性转化、创新性发展"，同时提出要实

1

现中华优秀传统文化与世界文化的交流对话，[①]"文明因交流而多彩，文明因互鉴而丰富"，中华优秀传统文化在文化全球化背景下的交流互鉴并不会因为差异与冲突形成交流的障碍，而是在交流互鉴中使人们更加坚定文化自信，将中华优秀传统文化推向新的高度。

第二节　研究现状

近年来，国内外学者十分重视对弘扬中华优秀传统文化与实现中国梦相关问题的研究，取得了许多有价值的研究成果。在国内，相关研究主要集中在中华优秀传统文化的基本精神与中国梦的基本内涵，弘扬中华优秀传统文化与实现中国梦的内在关联，弘扬中华优秀传统文化对实现中国梦的意义和价值，弘扬中华优秀传统文化以实现中国梦的路径和方法等几个方面。国外学者关于本课题的相关研究主要集中在文化软实力、中国传统文化的价值、中国梦的内涵及其重要作用等方面。其中最具代表性的学者有美国哈佛大学著名教授约瑟夫·奈（Joseph S. Nye，Jr）、英国著名历史学家阿诺尔德·约瑟·汤因比（Arnold Joseph Toynbee）、哥斯达黎加大学教授帕特里夏·罗德里格斯·奥尔凯梅耶（Patricia Rodríguez Hölkemeyer）、美国库恩基金会主席罗伯特·劳伦斯·库恩（Robert Lawrence Kuhn）、新加坡国立大学东亚研究所原所长郑永年、墨西哥国立自治大学国际关系研究中心教授玛丽亚·克里斯蒂娜·罗萨斯（Maria Cristina Rosas）、英国伦敦经济学院国际事务与外交战略研究中心（该中心主要从事区域研究、国际事务研究、发展研究、外交和宏伟战略研究等）的高级客座研究员马丁·雅克（Martin Jacques）等。这些研究对于我们的研究来说具有深刻启发。但也应该看到，目前在该领域的研究中，在理论和现实层面还存在一些问题和不足。从理论层面来讲，对中华优秀传统文化和实现中国梦二者之间关系的理解还不够全面；对于中华优秀传统文化在实现中国梦这一中国特色社会主义共同理想中的时代价值和重要作用认识得还不够深刻；还未能由自发上升到自觉，由感性上升到理性。从现实层面来

---

① 新华社.习近平在纪念孔子诞辰 2565 周年国际学术研讨会讲话［EB/OL］.（2014-09-24）［2022-10-11］. http：//www. gov. cn/xinwen/2014-09/24/content_2755592. htm.

讲，对中华优秀传统文化传承中面临的现实问题和挑战还缺乏一定深度的阐述；对弘扬中华优秀传统文化，实现中国梦的手段和方式创新还缺乏系统的研究。本书正是基于这些问题而进行了更为深入系统的探讨。

第三节　研究思路及主要方法

一、研究思路

本书从中华优秀传统文化传承与创新的理论入手，在遵循理论联系实际的研究原则上，力求准确、全面地阐述中华优秀传统文化的实践运用与价值。

总体研究思路为：首先，明确中华优秀传统文化的主要内容，讲清中华优秀传统文化的核心理念。在概念清晰的基础上探析中华优秀传统文化观的发展脉络、内在特征、实质与意义。其次，把握传承与创新中华优秀传统文化的原则，通过对原则的理解使人们能够整体、全面地认识中华优秀传统文化观。再次，继承与创新中华优秀传统文化应落到实处，在治国实践中得到运用与发展。最后，总结归纳中华优秀传统文化传承与发展的价值，为今后的治国理政提出参考意见。

二、研究方法

第一，逻辑与历史相统一研究法。对中华优秀传统文化概念的认识与界定以及习近平传统文化观的来源、形成、发展脉络等进行条理性梳理，使研究更加富有完备性。从当今人类命运共同体、现代化文化强国建设等方面进行对比分析去挖掘习近平同志对中华优秀传统文化的创新与超越之处。

第二，比较研究法。研究中华优秀传统文化思想需要在比较文化传统的视野下进行总体把握。本研究从思想内涵、方针、原则等方面出发，将中华优秀传统文化思想与古代传统思想以及其他思想的来源进行对比，分析中华优秀传统文化思想的借鉴与发展之处。

第三，理论联系实际法。实践是理论的最终目的，本研究通过收集关于习近平传统文化观的理论，与现阶段社会国情、世情相结合，方便深入解读中华优秀传统文化在治国理政中的运用与发展。

第四节　研究价值与意义

一、价值

马克思主义哲学认为，价值是指客体是否能够满足主体的需要。世界价值就是满足人类需要的程度，是全世界普遍适用的原则。文化的世界价值指的就是一种文化理念满足人类文化需要的程度，是其对整个世界和人类的普遍适用性。本节中所讲的世界价值有别于西方学者倡导的"普世价值"。西方所谓的"普世价值"是建立在个人利益至上、私有制神圣不可侵犯的基础之上，建立在殖民运动引发的全球化的基础之上，建立在对弱小民族掠夺甚至杀戮的基础之上。在国际政治实践中，"普世价值"成为西方霸权主义国家通过经济、政治、军事和文化等手段打压、颠覆、武装干涉和控制其他国家，在全球推行其民主制度和理念，占领国际政治道德制高点的关键术语。

中华传统文化对世界的影响从来都是尊重、平等、包容与和平的。本节所言之中华优秀传统文化的价值是指中华优秀传统文化和价值观仅仅因其精神特质和传播方式方面的优势，而更易于被其他民族接受的特点，与西方文化的传播形成鲜明对照。其中有两个关键点：第一，就中华优秀传统文化的内涵和精神特质而言，反映了人类的共同诉求，反映了世界各族人民对更加美好的世界秩序、民族国家和人际关系以及生活状态的共同追求，易于被人接受，具有更好的世界价值内涵；第二，从历史和现实的结合上看，中华优秀传统文化建立在平等、相互尊重、和平共处的基础之上，就其传播方式而言是和平而不是暴力、自愿而不是强迫的，是相互尊重而不带歧视的，因而更易于被人接受。

二、意义

习近平总书记有关中华优秀文化的重要论述在国内外引人注目，广受好评，产生了巨大反响。其中有一个重要提法，就是"推动中华优秀传统文化创造性转化、创新性发展"。① 习近平总书记对中华传统文化的重要论述是充分综合了中国共产党在历史各阶段提出的古为今用、推陈出新、去粗取精、去伪存真的文化方针，又在此基础上吸收了学术界有关中华传统文化研究的成果，并加以发展创新，完整地提出了"两有""两相""两创"② 的方针，为全面继承和发展中华传统文化指明了方向。"两有"讲的是继承的区别原则，"两相"讲的是继承的实践要求，"两创"讲的是继承和创新的关系。按照习近平总书记的重要讲话精神，继承是基础，创新是重点；结合时代条件赋予新的含义就是转化，以古人之规矩、开时代之生面就是创新。习近平总书记强调要处理好继承和创造性发展的关系，重点做好创造性转化和创新性发展工作。习近平总书记在这些方面提出的一系列新的思想观点，是对党以往的文化方针的新发展。

最重要的是，习近平总书记的"两创"思想是以文化自信为基础的。文化自信很重要，是对中华优秀传统文化的自信、是对中华民族传统文化的自信。观察思考当代中国的问题，不能就事论事，必须有历史的眼光、民族的眼光、文化的眼光，没有这样的眼光就难以真正理解中国的现状和发展，就难以在世界文化激荡中坚持自己的话语权。对于中华文化的自信是其他自信的总源头，文化自信是更基本、更深沉、更持久的力量。文化自信的提出是习近平总书记关于中华文化重要论述的一部分，体现了党中央在新时期治国理政实践中对传承与弘扬中华文化的高度重视。

习近平总书记的论述深刻揭示了：中国特色不是外在于中华优秀传统文化的历史发展，而是中华优秀传统文化自身发展的产物，中国特色社会主义与中华优秀传统文化有着内在的承接关系。充分吸收中华优秀传统文

---

① 张学立，段剑洪. 持续推动中华优秀传统文化创造性转化创新性发展［N］. 贵州日报，2022-11-09（8）.

② "两有"即对古代的文化要有区别地对待、有扬弃地继承；"两相"即中华优秀传统文化必须与当代文化相适应、与现代社会相协调；"两创"即对中华文化要实现创造性转化、创新性发展。

化的营养，中国特色社会主义才能更好地成长发展；坚定文化自信，才能更好地坚定中国特色社会主义的道路自信、理论自信、制度自信。这是弘扬中华优秀传统文化的直接现实意义。可以说，坚定文化自信，传承发展中华优秀传统文化就更有底气；传承发展好中华优秀传统文化，文化自信就能更加坚定。把中华优秀传统文化传承好、弘扬好，是中国特色社会主义实践的需要，是中华民族永续发展的需要，是实现中华民族伟大复兴的需要。

提出"两创"的基本前提是，中华优秀传统文化为中华民族生生不息、发展壮大提供了丰厚滋养，孕育了中华民族的宝贵精神品格，培育了中华民族崇高的价值追求，培育了共同的情感和道德、共同的理想和精神；同时，中华优秀传统文化与社会主义市场经济、先进文化、社会治理等方面还存在需要协调适应、建立合理关系的地方。创造性转化，就是要按照时代特点和要求，对那些至今仍有借鉴价值的内涵和表现形式加以利用、扩充、改造和创造性地诠释，赋予其新的时代内涵，激活其生命力。创新性发展，就是要顺应时代的新进步、新进展，对中华优秀传统文化的内涵加以补充拓展完善，发展其现代表达形式，增强其影响力和感召力。

应该指出的是，需要把"推动中华优秀传统文化创造性转化、创新性发展"放在习近平总书记一系列重要讲话的整体中来加深理解。其中反复提到要继承和弘扬中华优秀传统文化，因此，继承、弘扬应当是转化、创新的前提，善于继承才能善于创新；在扬弃中继承，在继承中发展，在发展中创新。"两创"虽然是实践的重点，但还不能把党对传统文化的方针归结为"两创"，仅仅提"两创"还不能使我们全面掌握习近平总书记的重要讲话精神。按照习近平总书记重要讲话精神，要处理好继承和创造性发展的关系，必须把"两有""两相""两创"的方针结合起来。只有这样，才能更加完整地理解党的文化方针。

文化的弘扬，就是把承接下来的传统文化发扬光大，实现创造性转化和创新性发展。文化自信绝不等同于固守成规、裹足不前，也不等于自高自大、盲目排外，文化自信从来都是在兼收并蓄、动态前进中实现的；中华优秀传统文化之所以博大精深、充满活力，在于其以开放包容的心胸积极吸纳来自各时代、各方面的优秀元素。传承和弘扬中华优秀传统文化绝不意味着封闭自大、不看世界，中华优秀传统文化的传承和弘扬并不是当代中国文化发展的全部，当代中国文化的发展还包括广泛借鉴吸收世界文明的有益经验、成果、财富等多方面。在历史上，中华民族一向兼收并蓄、海纳百川，不断学习吸收他人的好东西，把他人的好东西转化成自己的东西，成为自己文化的一部分。文明因交流而多彩，因互鉴而丰富，对世界人民创造的优秀文明成果，我们必须认真学习借鉴，在不断汲取各种文明养分中丰富和发展中华优秀传统文化。

习近平总书记指出，博大精深的中华优秀传统文化是我们在世界文化激荡中站稳脚跟的根基。① 中华民族是具有 5000 多年文明历史的伟大民族。博大精深的中华优秀传统文化，是中华民族最深层的精神追求的集中体现，是代表中华民族独特品格的精神标识。当前，我们正以科学的态度对待中华优秀传统文化，将其与马克思主义先进文化和党领导人民在长期革命斗争和建设实践中创立的中国革命文化熔于一炉，创造了中国特色社会主义文化，铸就了支撑中华民族伟大复兴的强大国家软实力的基础。中国正日益走近世界舞台中央，中国方案、中国智慧已经开始为面临相似课题的其他国家和民族提供帮助。面对西方为追逐私利而借助经济援助、资本输出、武力颠覆和和平演变等方式强力推行"普世价值"的长期攻势，深入发掘中华优秀传统文化的世界价值与意义，深入探讨中华优秀传统文化走向世界的优势和潜力，是中华优秀传统文化亟待研究的，且具有十分重要的理论和现实意义。

---

① 庞珊珊. 习近平外交思想里的中国传统文化 [EB/OL]. (2021-04-22) [2022-10-11]. http://news. cyol. com/gb/articles/2021-04/22/content _ G5YYQuznN. html.

第一章　中华优秀传统文化传承
与创新研究的理论视域和方向指引

第一节　中华优秀传统文化传承
与创新的理论视域

优秀传统文化内涵丰富、表现形式多样，在历史上具有积极作用的物质、文学、艺术、民俗等文化样态，都可以纳入优秀传统文化范畴。中华优秀传统文化的传承与创新，就其时间划分来看，总体上可分为古今两个时期：在古代，文化的传承与创新主要表现为不同朝代、不同哲学思潮之间的相承相续，如先秦子学过渡到两汉经学、隋唐佛学过渡到宋明理学等；在现当代，这种传承与创新主要表现为从现有文化立场来回望、提炼、转化、发展古代哲学文化中的有益思想，使之在新的社会实践中实现创造性转化和创新性发展，以便为当代社会发展提供有益的思想借鉴。基于现当代文化发展的立场，提出中华优秀传统文化传承与创新的理论视域问题，将之展开为方向视域、内容视域和方法视域三个方面的问题域。

一、方向视域

中华优秀传统文化的内在绵延性决定了今人对于传统文化要"接着讲"。"接"的实质在于文化的传承与创新，在于把握其理论内涵所体现出来的意义价值；而"讲"，则意味着对中华优秀传统文化传承与创新自身所具有多重义理内涵的正确解读，也涉及传统文化对当代中国社会发展所具有的现实作用。总体看，"接着讲"既意味着中华优秀传统文化有"讲的必要"，同时内在地指出了在讲的过程中我们所应坚持的"讲的方向"。从认识视域角度来看，"讲的方向"可从以下三个方面加以探究。第一，认识中华优秀传统文化基本意域所构成的整体意义。习近平总书记关于传统文化的六个"讲清楚"，涵括理论与实践两个维度。从理论维度看，中华文化有其历史渊源，形成了清晰的发展脉络，呈现出中华民族在文化发展上的独特创造和价值理念，具有鲜明的中华文化特色，这些都形成了中华传统文化的理论体系。[①] 从实践维度而言，我们宣传阐释、力行实践中国特色社会主义，需要以中华优秀传统文化的理论资源为基础。这两个维度实际构成了中华优秀传统文化的基本意域。当我们讨论中华优秀传统文化这一思想资源时，既指它自身的理论构成，也指这种理论构成在当代社会的实践意义。在这层理解中，中华优秀传统文化不是静态的理论之池，而是动态的、不断走向现实生活的源头活水。唯有如此，中华优秀传统文化本有的整体意义才会显现，我们对中华优秀传统文化的认识才有一个基本的思想定位。

第二，认识中华优秀传统文化的传承与创新是文化续延、精神续延的关键举措。中华民族从历史中走来，自然烙刻着优秀传统文化的印记，文化与民族始终融为一体。当我们说到中华民族时，这个民族是具有文化特色的；当我们谈走中华优秀传统文化时，这种文化又与中华民族紧密相关。正是文化与民族的交融推进，使得我们的民族性格带有典型的中华优秀传统文化特点。因此，我们现在谈到的中华优秀传统文化的传承与创新，不仅具有文化传承发展的文化学意义，而且具有民族精神代代相传的民族学价值。需要指出的是，对于中华优秀传统文化与现代文明关系的理论辩驳，自清末危局以来实际演绎为探寻国家发展方式的社会实践。这种社会实践不断拓展，在当今社会主义新实践中如何看待两者之间的关系，显得尤为迫切。历史和现实都表明，一个抛弃了或者背叛了自己历史文化的民族，不仅不可能发展起来，而且很可能上演一场历史悲剧。这是在理性认识历史的基础上得出的深刻见解。

第三，认识中华优秀传统文化是"三个自信"的文化基础和理论支撑。自信源于对自我的肯定性认知，人是如此，国家亦然。中华优秀传统

---

① 阮春晖. 中华优秀传统文化传承创新的理论视域 [J]. 邵阳学院学报（社会科学版），2021，20（4）：13-19.

文化对于古代社会制度的构建与发展曾起到过非常重要的作用，构成了一种行之有效的"文化—制度"运作模式，这在很大程度上促进了古代中国的繁荣发展。中国特色社会主义的道路、理论、制度，不仅具有政治的内涵，也具有文化的成分，中华优秀传统文化是其文化总体构成中的重要内容。这里需指出的是，我们讲文化自信，既是自信于中华优秀传统文化能够给予我们前进的精神力量和文化智慧，也是自信于中华优秀传统文化具有当代价值，可以为当代中国的社会发展提供深厚的历史经验和坚实的学理支撑。中华优秀传统文化是保证中国特色社会主义建设沿着中国风范、中国气节方向前行的主要文化因素。从这点看，中华优秀传统文化的传承与创新，既是文化自身发展的需要，也是国家和民族发展的需要，我们对此也要有明晰的认识。

二、内容视域

中华优秀传统文化传承与创新的基本内容，既涉及传统文化的义理叠加，也关联中国当代社会的实际需要，并在两者的互动中展现中华民族在当代中国的生动实践和精神追求。这实际上意味着我们所说的中华优秀传统文化的传承与创新，不是单方面地解释古代社会的某种文本观点或精神遗迹，而是要看这种观点或遗迹在当代中国各方面发展中所具有的文化功能，也就是古今文化对接所带来的国家发展、社会进步的价值有效性。在这层意义上，中华优秀传统文化传承与创新的内容视域是多方面、多层次的。

（一）在中华优秀传统文化传承与创新中突出国家发展道路的中国特色

历史地看，文化总是融入国家发展之中，为国家发展提供政治主张或文化思考，我国传统文化也不例外。先秦时期，孔子仁学、墨家兼爱、老庄无为、法家法治等思想，尽管具体主张不同，但都是各家针对当时社会现实的有感而发，带有明显的国家一统、社会清明的思想主张。此后历朝历代，儒墨道法的核心思想在国家政治生活中都得到了不同程度的运用，使得中国传统社会的发展带有典型的现实与理想、明德与国运、庙堂与山水相融合的特征，从而表现为家国一体、族缘政治、天人合一等中国式、本土化的发展特色，形成了与其他国家不同的社会发展模式。

优秀思想总能跨越历史的风云，它能在历史上发挥思想文化作用，也能在当代社会实践中显现其应有功能。我们不能说古代圣贤提出的"玥明德以立体，亲民以达用，体用一致""天下国家者，皆吾性命之物""身与天下国家一物"等思想主张与当代社会发展完全不符，实际上，中国历史上形成的关于小康社会、大同思想、协和万邦以及为生民立命、为万世开太平等政治诉求和境界向往，仍然适用于当代中国的发展。在这一发展过程中，我们须依据中国实际，坚持走自己的路。走自己的路，不仅是指在政治制度、经济发展上要走自己的路，也指在文化构建与实施上要走自己的路，走奠基于中华传统文化土壤的发展之路。习近平总书记在全国宣传思想工作会议上指出："独特的文化传统，独特的历史命运，独特的基本国情，注定了我们必然要走适合自己特点的发展道路。"① 因此，立足于中华优秀传统文化的国家发展，才是独特的，才是自己的。事实上，中华优秀传统文化不独立于国家社会之外，因为它主张"修己而后齐治平"的社会理想；不凌驾于个体、群体之上，因为它强调"己所不欲，勿施于人"的人生准则；也不自隔于自然环境之外，因为它强调"与天地参"的相处之道。这些文化特征，与当代中国发展的本质相符，与人性的要求相契，因而具有历史发展的生命力。当然，我们说优秀传统文化与当代中国国家发展相契相合，并不意味着传统文化一开始就是社会主义的，而是要对其展开历史考察和理性分析，挖掘其思想内核的现代含义，并融入国家的整体进程和各个环节之中，以此实现自我传承与创新。

（二）在中华优秀传统文化传承与创新中深刻体悟中华民族的精神追求

中华民族具有深沉宽厚的精神追求，这与中华优秀传统文化的长期浸润与滋养有关。中华民族的精神追求体现在中华民族的道德观上，也体现在"与命与仁"的深刻洞察和真切践行之中。综合地看，中华民族的精神追求表现为三个层面：一是个人层面的安身立命，强调仁义礼智信，力图在有限的生命中创造、表现出无限的价值和意义，从而实现自我生命的圆融；二是社会层面的忧乐天下与秩序和谐，主张在泱泱大国的气势中对全

---

① 军事科学院军队政治工作研究中心. 我国必然要走适合自己特点的发展道路 [J]. 求是，2013（21）：25.

民进行"富之教之"，在社会发展上永葆生生不息；三是自然层面的和合观念和万物一体，认为物理、义理、性理都统一于普遍的天道，并通过"学问思辨行"的笃行实践来加以保证，带有鲜明的实践性品格。中华民族的这些精神追求和思想向往，将自我、他人、社会与自然融入其中，突出自我价值的实现与他人价值、社会价值、自然价值的统一，在历史的长河中不断熔铸、定型和运用，显得亘古恒新、历久弥坚。

时至今日，中华民族的这些精神追求不仅不会过时，反而因其历史的沉淀显得更为厚重，成为当今时代精神的重要构成部分。中华人民共和国成立以来，特别是改革开放以来，我国的社会和经济都发生了巨大变化，但中华民族固有的精神追求仍贯穿在当代人的生活之中。追求仁义礼智信是最基本的精神追求，从自我出发，推及家庭，再推行到整个国家，表现为对"中""和"道德观的向往与执着，从而在当代社会实践中，参与社会、和平世界的构建。这种精神追求，与当代中国的社会主义信念、改革开放精神相融，是传统精神追求在当代的新发展。我们进行社会主义现代化建设，既要看到"中国速度""中国方案"等量化指标和任务，更要看到"中国精神""中国风范"等文化因素在现代化建设中的重要作用，要把安身立命、自强不息、厚德载物、和合观念等传统精神与锐意进取、与时俱进、改革开放等现代精神结合起来，将中华民族的整体精神追求贯穿在社会主义建设的各个环节之中，以此带动整个中华优秀传统文化的传承与创新。

（三）在中华优秀传统文化传承与创新中展露中国特色社会主义的文化质地

中国特色社会主义的文化构成，表现为马克思主义、中华优秀传统文化和优秀外来文化的有机融合，其中马克思主义占据指导地位，优秀外来文化是有益借鉴，而中华优秀传统文化是在这一文化整体中保持本土性、带有民族性的最基本构成。也就是说，从文化的角度看，中国特色社会主义之所以具有中国特色，是因为社会主义本身植根于中华传统文化的土壤之中，具备独有的文化传统和文化特质。我们的理论出发点和实践立足点都需基于中华优秀传统文化的实际。

中华优秀传统文化具有民族性、绵延性、内生性和创造性等特点，这是其文化质地表现的主要方面。中华优秀传统文化有 5000 多年的历史，其理论体系、经验智慧和行事风格带有典型的传统中国的味道，如本体与工夫的理论合成，安土重迁、实事求是、远亲近邻等观念，都带有独特的民族风格。从时间和空间上来看，中华文明具有连续性，绵延在中华民族发展的各个历史阶段，彼此之间不可分割。需要强调的是，中华优秀传统文化绵延与发展的动力源不是基于外部因素，而是在自身内部相继，通过内生性的方式创造了博大精深的中华优秀传统文化。多次的文化冲击不仅没有消除中华优秀传统文化的地位和影响，相反通过传统文化自身的更新与吸纳，其他外来文化都融入中华优秀传统文化的思想体系之中。更重要的是，文化的创造不仅表现在古代中国，在当代中国我们还能够据此创造出具有强大活力的新思想、新文化，从而在文化发展链条上表现出创造与再创造的统一。

在建设中国特色社会主义文化的过程中，建设什么样的文化、怎样建设文化，是需要我们深思慎行的一个重要理论与实践问题。我们认为，当代中国的文化建设，是一个开放、包容、日新月异的过程，对有益的思想主张，我们要敞开胸怀，使其融入"国家—文化"的体系建设之中。我们应当看到，优秀传统文化所具有的特质因素，不仅能将传统文化定位在中国的层面上，同时可以把当代社会主义文化定位于中国特色，在文化质地的保有与展露上，优秀传统文化是最重要的基础。从这点来看，我们讲中华优秀传统文化的传承与创新，一方面是指优秀传统文化独有的文化质地在当代社会得到了继承与发展，另一方面是指将这些特有的质地融入中国特色社会主义的文化建设和发展之中。

（四）在中华优秀传统文化传承与创新中践行社会主义核心价值观

中华优秀传统文化的内容极其丰富，表现形式多样，关联自然、社会、政治、经济、教育、礼俗等多个方面。对于其中的时代价值，习近平总书记在十八届中央政治局第十三次集体学习时将之概括为"讲仁爱、重民本、守诚信、崇正义、尚和合、求大同"[①]。这一价值追求涉及对人性、人己、社群、自然的多重思考与实践，是中华民族在历史上形成的思想文化结晶，也是中华民族传统价值观的集中体现。正是凭借这种传统价值

---

① 戴木才. 中华优秀传统文化的新时代阐发［N］. 中国教育报，2020-12-30（06）.

观，中华民族才得以走过沧桑岁月并创造了伟大的华夏文明，当代国人应当礼敬这种文化经验和文化成就。

在新的时代，我们面临着如何进一步建构社会道德价值观的重大问题。社会主义核心价值观的提出，与这一重大问题有密切关联。在当代中国，我们的民族、我们的国家应该坚守什么样的核心价值观？这个问题，是一个理论问题，也是一个实践问题。经过反复征求各方意见，综合各方面认识，我们提出要倡导富强、民主、文明、和谐，倡导自由、平等、公正、法治，倡导爱国、敬业、诚信、友善，积极培育和践行社会主义核心价值观。显然，社会主义核心价值观的提出，经历了一个深思熟虑的决策过程。当然，提出后还需论证，论证需有现实感，现实就来自当代中国的社会主义实践；论证也需要有历史感，历史则来自在中华优秀传统文化中沉淀而成的优秀传统价值观。实际上，优秀传统价值观的思考方向、道德精神以及历史智慧，富有永恒魅力，完全可以融入社会主义核心价值观的思想体系之中。就社会主义核心价值观与优秀传统价值观的关系而言，前者是对后者的继承超越，后者则是前者的源头活水和生命力、影响力之所在。优秀传统价值观具有恒久意义，其自身所含的道德内容和价值指引功能，不会随着时代的变化而发生改变。实际上，优秀传统价值观是涵养社会主义核心价值观的源泉，它可以在培育和践行社会主义核心价值观的过程中实现自我的传承与创新。当代中国进行的多样化社会主义建设实践，为优秀传统价值观焕发生机活力确立了坚实基础，中华优秀传统文化实现传承与创新的主要关系和环节，也需要在社会主义建设的丰富实践中才能体现出来。

（五）在中华优秀传统文化传承与创新中增强国家文化软实力

在内涵上，国家文化软实力主要是指文化自身蕴含的内在力量，以及被他者认同、被别人接受的文化思想，它不带有自我确认、自我命名的文化属性，而是通过广泛传播之后所呈现出来的一种文化力量。由此可见，文化软实力既表现为一种由外而内的吸引力，也表现为一种由内而外的推动力。在具体构成上，一个国家的文化软实力，包括硬性文化资源产生的文化软实力和软性文化资源产生的文化软实力，其中，一个民族的价值取向、民族精神、国家人文指数等是软性文化资源产生的文化软实力的重要构成成分，这些构成成分显然也与优秀传统文化相关。也就是说，当我们谈及国家文化软实力时，其意蕴内包括优秀传统文化。

文化具有思想的力量，中华优秀传统文化也是如此。我国优秀传统文化在历史上一直走着道德净化、维系人心、巩固政权的重要作用，历经几千年而不变，形成了强大的文化向心力。此外，中华优秀传统文化有自己的"道统"传承系统，强调以民族、家庭为本位的伦理观念，崇尚天、地、人、物、我之间的相互感通，在行为方式上遵循"叩其两端"的中庸之道。这些理论和主张，符合人们的基本共识又带有自己的文化特色，能解决实际问题又充满人道色彩，文化的自生力源源不断，文化力量自然也就呈现出来了。从被他者认同、被别人接受的方面来看，中华优秀传统文化主张人己共成，与人类普遍情感相通，因而在秦朝时就在今阿拉伯国家和地区得到了传播。此后，这一文化传播范围持续扩大，通过诸多文化中心，以陆路和海路的方式，向世界各地输送，中华优秀传统文化得到了更为广泛的传播，其影响之深远，时至今日仍清晰可见。在这一进程中，中华优秀传统文化以其博大、宽广、柔和、包容的文化性格，被他者广泛认同和接受，这在东亚、东南亚地区尤为明显。这表明，国家文化软实力在我国历史上就已经形成并发挥了巨大影响力。在当代，我国的国际影响力日趋增大，但这主要还是体现在经济力量方面。笔者以为，从包容、推广、接受、持续的角度来看，文化的力量显得更为重要，事实上文化软实力也能为经济力量的传播与扩大提供文化心理基础。正因如此，我们要进一步做好中华优秀传统文化的传承与创新工作，融入新的时代因素，把中华优秀传统文化传承并发展下去，扩大其影响力，凸显中华优秀传统文化在世界舞台上的巨大能量，进一步增强当代中国的国家文化软实力。

（六）在中华优秀传统文化传承与创新中推进国家现代化治理

在优秀传统文化与国家治理的关系上，习近平总书记指出，一个国家选择什么样的治理体系，是由这个国家的历史传承、文化传统、经济社会发展水平决定的，是由这个国家的人民决定的[①]。历史传承、文化传统包含中华优秀传统文化中有益的治理智慧，我们可以从中择取有益于时代发展的传统文化思想，构建包含政治、经济、社会、教育等在内的现代治理

---

① 马雪松. 历史政治学视域中的国家治理现代化［N］. 光明日报，2022-09-23（11）.

体系，以此实现中华优秀传统文化的传承与创新。

中华优秀传统文化中的国家治理理念，主要表现为两条进路：政府进路与学术进路。其中，政府进路表现为中央政府和地方政府两方面，学术进路表现在儒法道的相关学术主张之中。就政府进路而言，历代开明政府主张和奉行的敬天保民、守法奉公、长廉远耻、祛患卫民等思想，一直是治国理政的核心纲要；御史监察制、乡约教化制和郡县管理制等，则体现了中央管理地方的具体举措；家训家规、宗祠礼俗、乡贤文化在地方政府的施政措施中也起着非常重要的作用。就学术进路来看，传统文化中的王霸之争、义利之辨、公私之分以及德法之别，是国家治理观在学术争鸣中的具体表现，其中都包含治国理政思想的合理成分，这些思想智慧都融入了古代中国治国理政的进程之中。

治国理政的对象是整个国家和社会。显然，国家与社会具有历史性，对于我国而言，这一历史性则显得更为突出和重要。当代中国的治理现代化，从历史的维度看，自然也带有传统的成分，更何况古代中国治国理政的智慧和经验本来就很丰富。当前，我国治国理政新理念、新思想、新战略全面铺开，如何在社会主义社会的新实践中融合传统智慧，推进国家的现代化治理，是新时期党和政府思考的重点领域之一，我们对此既要有历史眼光，也要具备当代视野，要在历史与当代的结合中实现中华优秀传统文化的传承与创新。

（七）在中华优秀传统文化传承与创新中融通港澳台文化与海外华人文化

海峡两岸暨香港、澳门文化同根同源，在语言、文字、习俗、教育等方面具有很大的相似性，尤其是在对仁爱、诚信、正义等传统价值观的实践上，关联度更高。在海外华人文化中，中华优秀传统文化中的爱国、勤劳、认祖归宗、血缘情怀始终存在。总的来看，海峡两岸暨香港、澳门文化、海外华人文化都属于中华优秀传统文化体系，中国传统价值观一直影响着他们的生活实践。历史上，共同的文化纽带将海峡两岸暨香港、澳门和海外华人紧密联系起来。在新的时代条件下，我们有必要而且有理由进行更紧密的文化交融。在当代国际文化新环境中，中华优秀传统文化的传承与创新只有在融通港澳台和海外华人文化世界的实践中，才能实现更广、更深意义的文化发展。同时需看到，对于港澳台文化和海外华人文化而言，只有融入中华优秀传统文化的整体创新和发展之中，它的生命力与创造力才会源源不断地涌现出来，才会在这一过程中找到历史的归宿。

需要指出的是，海峡两岸暨香港、澳门文化和海外华人文化在新的时代条件下可能会出现一些交流障碍，这些可以理解，但同源同种的文化质地却是怎么也抹消不了的，彼此之间其实有很多的交流契机和空间，这是我们进行思想文化交流的重要思想基础和心理基础。当前，推动海峡两岸暨香港、澳门文化和海外华人文化进行积极的交流与互动，在投资建设、人员往来、祭祖探源等方面进行协商与合作，在此基础上逐渐构筑起制度化的文化交流模式。这对于中华优秀传统文化体系的扩大巩固，对于中华优秀传统文化的传承发展，是很有意义的。

三、方法视域

中华优秀传统文化的传承与创新，表现为实践的过程，需要一定的方法论基础。从宏观上来讲，需遵循文化发展的基本规律，结合当代社会实际特点进行；从政策角度来说，需以中共中央办公厅、国务院办公厅印发的《关于实施中华优秀传统文化传承发展工程的意见》为指针。它们在整体上构成了中华优秀传统文化传承与创新的方法视域。具体地说，仍有一些基本态度和方法需被特别提出，以便更有成效地推进中华优秀传统文化的传承与创新。

（一）以理性、礼敬、自信的态度对待中华优秀传统文化

中华优秀传统文化植根华夏大地，是保证中华民族整体合一的强大向心力因素，并最终凝聚成中华民族的文化基因和精神家园，我们对此要有文化理性，要有坚定的民族文化立场，要在主动接近中理解、热爱中华优秀传统文化，并始终怀有礼敬之心。有礼敬，还需自信，要相信优秀传统文化已有的生命力、思想力，也要相信它具有的时代性和创造性。也只有在这个基础上，我们才能发展优秀传统文化，实现中华优秀传统文化在当代中国的继承和发展。

（二）确定中华优秀传统文化转化、发展的方向和框架

习近平总书记十分重视优秀传统文化在当代中国的转化与发展，围绕传承和弘扬中华优秀传统文化，发表了许多重要论述，对我们从事相关工作具有重要的指导意义。各级党委和政府也采取了实际行动，先后出台了重要政策文件，确定了中华优秀传统文化传承与创新的原则和措施，并在全国推广实施。这表明，国家层面的制度建构已全面启动并开展了有效的实践行动，往后的工作重点在于确保制度的长期性和有效性，强化、细化具体方案和措施，为中华优秀传统文化的传承与创新营造良好的社会氛围。

（三）正确处理多组关系

中华优秀传统文化的传承与创新，既表现为文化内部的相互推进，也表现为不同文化之间的相互磨合；既表现为一种理论的发展，也表现为在实践中的有效运用。这涉及多种关系的处理，主要包括："一"与"多"的关系，"一"是指中华优秀传统文化这一根本底色，"多"是指由自我、他人、群体、社会、自然等组成的多样关系体；"古"与"今"的关系，其中包含中国古代文明与现代文明、传统文化品性与当代社会精神追求、古代文化教育与当代国民教育等关系；"理"与"实"的关系，"理"与中华优秀传统文化传承与创新的理论政策、纲要文件有关，"实"指向各种实践途径和方式；"中"与"外"的关系，主要涉及在中华优秀传统文化传承与创新过程中对先进外来文化的接纳与吸收。处理这几组关系时，既要看到各组关系内部要素之间的相对独立，也要看到各组关系之间的整体统一。同时，需着眼于我国社会主义的社会形态和社会实践，也就是说，优秀传统文化的传承与创新，是在我国社会主义实践的进程中得以实现的。

（四）建立健全多种机制

中华优秀传统文化的传承与创新，需要多种机制来保障。一是引导机制，包括政府引导、社会引导、舆论引导等，各引导力量要加强协调，平衡举措，促使推动优秀传统文化的传承与创新时始终带有中华文化的底

色。二是内化机制，这需要我们对中华优秀传统文化有正确的理解，表现为从外部要求到内在自觉、从他律到自律的过程。三是评价机制，把中华优秀传统文化的传承、创新与发展，纳入考核评价体系之中，注重对文化传承实践工作的考量，关注社会反响。四是保障机制，重点是政策保障，包含金融支持政策、历史文物保护政策、优秀文化宣传政策等保障。五是交流机制，交流既指内地范围内的交流，也指内地与港澳台、海外华人以及各国文化之间的交流，交流要常态化，也要及时更新交流的内容和形式，增加中华优秀传统文化传承与创新的广度与深度。

中华优秀传统文化传承与创新的理论视域，由方向、内容、方法等层次构成。各理论视域之中，也涉及具体的理论要素和义理分析，这与中华优秀传统文化自身内涵的丰富性有关。需要注意的是，中华优秀传统文化的传承与创新，具有跨越时空的特点，也就是说，当我们讨论中华优秀传统文化的传承与创新时，是着眼于相应的时间、空间和理论，是从变化的、过程性的视域来谈。这就意味着，随着时代的发展进步，中华优秀传统文化传承与创新的具体内容和形式也会有所不同。

第二节　中华优秀传统文化传承与创新的方向指引

一、牢牢把握社会主义先进文化的前进方向

牢牢把握社会主义先进文化的前进方向，要始终高举习近平新时代中国特色社会主义思想伟大旗帜。坚持以马克思主义为指导，是保持社会主义文化先进性的根本保证。习近平新时代中国特色社会主义思想是马克思主义中国化的最新成果，是当代中国马克思主义、21 世纪马克思主义。我们要深入学习领会、认真贯彻落实习近平新时代中国特色社会主义思想重要论述，将科学思想理论作为精神上的主心骨、理论上的定盘星、行动上的指南针，贯穿于新闻宣传、文艺创作生产、文化体制改革、精神文明创建、网络建设管理等社会主义文化建设的一切工作和所有活动之中，牢牢

掌握意识形态工作领导权,筑牢全国各族人民共同思想基础,凝聚团结奋进的强大精神力量。

牢牢把握社会主义先进文化前进方向,要着力发挥社会主义核心价值观引领作用。社会主义核心价值观是当代中国精神的集中体现,是社会主义先进文化的精髓。我们要把社会主义核心价值观融入法治建设和社会治理之中,融入公民道德建设之中,融入精神文明创建各环节,浸润于社会生活各方面,转化为各族人民共同的价值追求、精神支柱和行为准则。要培育和弘扬社会主义核心价值观,大力弘扬以爱国主义为核心的民族精神和以改革创新为核心的时代精神,夯实社会主义核心价值观在中国的实践基础,切实把人心和力量凝聚到建设社会主义现代化国家的伟大实践上来。

牢牢把握社会主义先进文化前进方向,要切实保障人民文化权益。社会主义文化是人民的文化,坚持以人民为中心是社会主义文化的价值追求。我们要牢固树立宗旨意识,坚持文化发展为人民、文化发展依靠人民、文化发展成果由人民共享,创新文化发展理念,不断完善公共文化服务体系,优化城乡文化资源配置,深入推进文化惠民工程,不断满足各族人民多层次、多样化、多方面的精神文化需求。要根植悠久厚重的中华文化,根植中华民族伟大复兴,充分发挥人民群众在文化建设中的主体地位,不断激发全社会的文化创造活力,推出更多讴歌党、讴歌祖国、讴歌人民、讴歌英雄的优秀作品,不断丰富各族群众精神文化生活。

二、坚持以人民为中心的工作导向

(一)坚持党对文化建设的领导

文化建设要坚持党的领导是事关文化发展全局的根本性问题。百年党史深刻启示我们,中国共产党是具有高度文化自觉的马克思主义政党,只有坚持党的全面领导,才能确保文化繁荣、文明兴盛。

1. 站稳文化建设的人民立场

马克思主义是人民的理论,人民立场是马克思主义最鲜明的政治立场。《共产党宣言》中明确写道："无产阶级的运动是绝大多数人的，为绝大多数人谋利益的独立的运动。"这一论断深刻揭示了共产党的性质和宗旨，要求共产党必须站在人民立场上推进文化事业发展，深化马克思主义中国化的文化建构。我们必须高举马克思主义伟大旗帜，牢牢站稳人民立场，围绕服务人民的核心要求，把人民利益、人民意志和人民心声作为自身发展的价值取向，用中华优秀传统文化、革命文化和社会主义先进文化涵养人民的思想道德、精神境界、文化修养，不断满足人民对美好精神文化生活的新期待、新要求，真正把党的领导优势转化为文化建设效能。

2.确保文化建设的发展方向

不同形态的文化交流、交融、交锋，是世界文化发展大势。我们必须深刻意识到，当前西方敌对势力借助资本主义几百年来积累的话语优势和技术优势，在文化领域和网络公共空间输出资本主义文化和价值观，其目的就是借助世界多元文化交流的幌子，遮蔽企图颠覆我国政权的险恶目的。这就要求我们把握好文化建设的发展方向，充分认识到潜藏在技术背后的国家文化和意识形态安全问题。文化建设要保持正确的发展方向，就必须坚持以马克思主义为指导，立足世界和中国发展大势，在与世界不同文化对话、交流、共融、互鉴的过程中扎根中国大地，坚守中华优秀传统文化，充分利用人类文明发展成果推进中国特色社会主义文化取得新的更大发展。

（二）满足人民精神文化需求

毛泽东同志在延安文艺座谈会上曾指出："为什么人的问题，是一个根本的问题，原则的问题。"[①] 为了人民、依靠人民、服务人民是党领导文化建设的本质要求。这就要求把人民精神文化需要作为文化建设的重要驱动力，充分体现人民意志、人民心声、人民诉求。

1.聚焦人民精神文化需要现状

新时代社会主要矛盾的历史性转变，深刻表明人民精神文化需要呈现

---

① 毛泽东.在延安文艺座谈会上的讲话［M］//毛泽东.毛泽东选集：第三卷.2版.北京：人民出版社，1991：857.

出多层次、多形式、多样性的时代特点。《中共中央关于制定国民经济和社会发展第十四个五年规划和二〇三五年远景目标的建议》，明确把"促进满足人民文化需求和增强人民精神力量相统一，推进社会主义文化强国建设"列为文化建设的战略任务。要精准聚焦人民精神文化需要，依据不同区域、不同年龄、不同层次的群体对精神文化生活的差异化诉求，有针对性地扩宽不同群体的精神生活空间，让不同群体的精神文化需要得到合理的表达和满足，促进人民精神文化需要满足与人民精神力量增强呈同向的动态发展趋势，为民族伟大复兴汇聚强大的精神力量。

2. 提升人民公共文化服务水平

公共文化服务是保障人民基本精神文化需要的基础性工作。满足人民对更高质量、更加公平、更为全面、更可持续的公共文化服务需要，一是加快构建公共文化设施。统筹城乡公共文化设施一体化建设，着力推动城乡公共文化设施数字化、网络化、智能化建设，实现公共文化整体布局更加均衡、服务质量更加优质、供给方式更加智能。二是持续丰富公共文化产品。按照供需对接、精准惠民的要求，建立健全人民精神文化需求动态反馈机制，推进线上线下平台一体化建设，依托大数据技术建立公共文化产品共享平台，把反映中华民族精神、道德风尚、审美追求、价值取向的优秀艺术作品、文学作品、影视作品等以便捷的方式实现全民共享。三是大力开展公共文化活动。实施政府主导、社会协同、市场运作、群众参与的文化惠民工程，积极开展全民阅读、全民健身、全民科普和全民普法活动等，不断丰富群众性公共文化活动。同时，依据地方民俗特色文化，打造具备地方特色的文化品牌，大力推广民族特色文化活动。

3. 健全人民文化权益保障制度

党的十八大以来，相继出台了《关于加快构建现代公共文化服务体系的意见》《中华人民共和国公共文化服务保障法》《关于建立健全基本公共服务标准体系的指导意见》等意见和法律法规，有效推动公共文化服务向标准化、均等化、普惠化、便捷化方向发展，为保障人民文化权益提供了制度性保障。健全文化权益保障制度是一项长期性的工程，需要根据新需要、新情况不断完善和发展。

（三）把人民放在心中最高位置

人民的需要是文艺存在的根本价值所在，为人民服务是文艺工作者的天职。文艺作品决不能脱离群众，关在自己的象牙塔里。要坚持"以人民为中心"的创作理念，在深入基层、深入群众调研采风的基础上，把满足人民精神文化需求作为文艺和文艺工作的出发点和落脚点，把人民作为文艺表现的主体，顺立人民心声、反映人民关切，全心全意服务人民，真心实意讴歌人民，用最真挚的情感、最生动的笔触、最优美的旋律、最感人的形象创作出最有人情味的作品，让人民群众在品味文艺作品中感受到快乐、美好和希望。文化建设必须紧紧依靠人民，实现人人参与、人人尽责、人人共享。

1. 以人民生活为文化建设源泉

习近平总书记在文艺工作座谈会上指出："人民生活中本来就存在着文学艺术原料的矿藏，人民生活是一切文学艺术取之不尽、用之不竭的创作源泉。"① 人民生活蕴含着文化创造的丰富素材，只有深入人民生活，才能结合人民的情感、思想和意志创造出脍炙人口的文化作品，并在人民群众中起到价值引导、思想引领、审美启迪的作用。在文化创造的过程中，要深入群众、深入生活，了解人民的精神文化需要，从人民生活中挖掘文化创造的鲜活素材。这要求文化作品既要为人民揭露和批判现实生活的丑恶现象，又要反映人民生产生活的伟大实践，歌颂现实生活中的真善美，用光明驱散黑暗、用梦想指引方向、用美好引导心灵，不断鼓舞人民前进。

2. 以人民心声为文化建设主旨

只有反映最广大人民群众心愿、心情、心声的文化作品才能引起人民共鸣共情，才能传得开、留得下。进入新时代，人民的获得感、幸福感、安全感更加充实，同时人民在家庭、工作、教育等方面仍然面临着新的挑战和压力。我们要把人民心声作为文化建设主旨，既要通过丰富多样的文化作品传达人民在民主、法治、教育、环境、养老、医疗等方面的意志和

---

① 习近平. 在文艺座谈会上的讲话［M］. 北京：人民出版社，2015.

愿望，又要通过文化作品进行思想引导。随着市场经济的发展，部分文艺工作者过分注重经济效益，在市场经济浪潮中迷失方向。要通过提高文艺工作者的学养、涵养、修养，确保文艺工作者履行社会责任，注重社会效益，切实通过文化作品传达人民心声，反映人民关切。

3. 以人民故事为文化建设题材

只有真正热爱人民，对人民怀有真挚的情感，做到为民抒写、为民抒情、为民抒怀，才能创造出无愧于时代、无愧于人民的伟大作品。百姓生活中的故事最能反映万千生活景象，是最有情感、最有温度、最有力量的文化建设题材。文艺工作者要挖掘人民生活中鲜活感人的真实故事，通过艺术创造和转换，生产出有正能量、有人情味、有感召力的优秀作品，不断讲好中国人民追梦、筑梦、圆梦的故事，讲好中国人民辛勤劳动、走向共同富裕的故事，讲好中国人民团结奋斗、开拓进取的故事，讲好中国人民抢险救灾、共同抗疫的故事，传播好当代中国的价值观念和精神文化。

（四）实现人的发展与文化建设同频共振

人的发展问题是马克思主义永恒的主题，促进人的全面发展是马克思主义的价值追求。文化建设要以人的发展为价值导向，提高人民的道德修养、精神境界、思想涵养、审美水平等，实现人的发展与文化建设同频共振。

1. 促进人民精神生活富裕

人民精神生活富裕是促进人的发展的基本要求。人的发展内在包含人的精神世界的充盈和安宁。2021 年 8 月，习近平总书记在中央财经委员会第十次会议上指出，共同富裕是全体人民共同富裕，是人民群众物质生活和精神生活都富裕，并强调要促进人民精神生活共同富裕①。进入新时代，人民的精神文化需求日益增长，这是人民在物质需求得到满足后，对内在精神生活发展的强烈需求。因而，必须大力发展和繁荣社会主义文化，大力发展文化事业和文化产业，促进人民精神生活富裕，不断满足人民内在

---

① 余德华，邱开玉. 实现共同富裕的理论自信与实践伟力［EB/OL］.（2022-05-18）［2022-10-12］. https：//m. gmw. cn/baijia/2022/05/18/35743555. html.

发展需求。

2.激发文化创新创造活力

激发文化创新创造活力是促进人的发展的有效途径。一是坚持理念先行，将创新作为引领文化发展的第一动力。要不断推进文化在题材选取、内容生产、话语表达、传播形式等方面的创新，不断构建文化创新体系。二是加强制度建设，深化文化体制改革。一方面要健全和完善促进文化创新创造活力激发的相关体制机制，如文化创作激励机制、文化监督管理机制、文化成果保护机制等，为人民进行文化创新创造提供制度保障；另一方面要破除阻碍文化创新创造活力激发的体制机制，让一切文化创新创造活力得到充分释放。三是推进人才培养工作，加强人才队伍建设。要加大人才队伍政治思想、创新意识、知识储备、道德水平、业务能力的培养力度，为激发文化创新创造活力提供充分的人才资源。

三、坚持创造性转化和创新性发展

（一）坚持创造性转化和创新性发展的指引方向

习近平总书记强调要坚持优秀传统文化的创造性转化和创新性发展。创造性转化是指按照时代特点和要求，对那些至今仍有借鉴价值的内涵和陈旧的表现形式加以改造，赋予其新的时代内涵和现代表达形式。而创新性发展是将改造后的优秀传统文化，通过某一形式将其与现代社会实际相结合，从而对其实质内容进行补充，使其具有现代化特征，能够为现代社会发展服务，增强优秀传统文化的影响力。整体来说，两者的目的都是对优秀传统文化进行改造创新，使其具有时代价值，并赋予其新生的实践力量，延长其内部的生命力，因此两者缺一不可。在对文化进行发展创新的过程中，必须处理好传统与现代的关系，找到两者的契合点，使其统一服务于文化创造。就改造与创新的关系来看，就像车轮，两者都不可忽视，缺一不可，并且只有两者相互完美配合，才能最终使车子快速前进，到达目的地。就改造与创新的先后问题而言，首先我们要对传统文化的内容进行有质量的筛选，以获取可以进行现代化发展的部分内容，而创新是在改造的基础上将已经筛选出来的内容进行再一次的丰富发展，赋予其新的现实意义之后用于指导实践。创造性转化和创新性发展一般来说是一起进行的。对于优秀传统文化来说，由于受到历史和现实等各方面的限制，其在内容和形式上往往不能被人民群众接受和认可，因此我们需要通过现代的方式和手段来对其进行内容和形式上的改造，使其能够被大众接受。当优秀传统文化被大众认可和接受之后，要想发挥其真正的积极作用，必须与现代社会实践相结合，接受实践的检验，对其内容和形式进行创新性的发展，只有通过这一过程，优秀传统文化才能真正发挥其实践作用，体现出时代价值。

优秀传统文化的改造和创新对于现今中国社会的发展来说至关重要。现在中国社会仍处于转型期，需要正确的文化引领，再加上全球化的发展，西方社会的部分文化对中国的本土文化也造成了一定程度的冲击，文化建设已经成为当今社会建设的重要方面。在文化建设中，优秀传统文化建设至关重要，因为优秀传统文化是源泉，是文化建设的重要支撑。优秀传统文化是历代人民群众的智慧结晶，只有在实践过程中进行不断的创新和发展，才能真正地实现优秀传统文化的现实价值，推动中国社会不断向前发展。优秀传统文化在进行改造和创新时，始终要以马克思主义为指导，坚持马克思主义的立场、观点和方法，用以指导社会建设。优秀传统文化创新是有一定原则的，如剔除其封建性的糟粕，吸收其民主性的精华。因此，可以借鉴以往经验，寻求最贴切、最有效的方法，以马克思主义为指导，只有这样我们才能够得出正确的结论。在进行创新时必须理解批判与继承的关系。在传统文化中，有些部分其本身就不符合社会发展，是糟粕的东西，必须持批评的态度，因此应该用正确的态度来看待不同性质的传统文化。在用优秀传统文化来指导实践时，对于不适合现代社会发展的部分，需要积极地进行批判。在现代社会发展过程中，应注重推动中华优秀传统文化的创造性转化和创新性发展。现代社会文化建设面临着诸多问题，要考虑多方面的因素，挖掘出优秀传统文化最本质的内容，以抵制部分外来文化的侵袭。对于文化的建设，不仅要考虑到眼前的利益，更需要注重文化行业的长远发展问题，因此必须在坚持正确的方针原则的基础上对优秀传统文化进行创新。

（二）关于实施中华优秀传统文化传承发展工程的意见

2017 年 1 月 25 日，中共中央办公厅、国务院办公厅印发的《关于实施中华优秀传统文化传承发展工程的意见》是为建设社会主义文化强国，增强国家软实力，实现中华民族伟大复兴的中国梦印发的文件，就实施中华优秀传统文化传承发展工程提出如下意见。

1. 重要意义和总体要求

（1）重要意义

中华文化源远流长、灿烂辉煌。在 5000 多年文明发展中孕育的中华优秀传统文化，积淀着中华民族最深沉的精神追求，代表着中华民族独特的精神标识，是中华民族生生不息、发展壮大的丰厚滋养，是中国特色社会主义植根的文化沃土，是当代中国发展的突出优势，对延续和发展中华文明、促进人类文明进步，发挥着重要作用。

中国共产党在领导人民进行革命、建设、改革伟大实践中，自觉肩负起传承发展中华优秀传统文化的历史责任，是中华优秀传统文化的忠实继承者、弘扬者和建设者。党的十八大以来，在以习近平同志为核心的党中央领导下，各级党委和政府更加自觉、更加主动推动中华优秀传统文化的传承与发展，开展了一系列富有创新、富有成效的工作，有力增强了中华优秀传统文化的凝聚力、影响力、创造力。同时要看到，随着我国经济社会深刻变革、对外开放日益扩大、互联网技术和新媒体快速发展，各种思想文化交流、交融、交锋更加频繁，迫切需要深化对中华优秀传统文化重要性的认识，进一步增强文化自觉和文化自信；迫切需要深入挖掘中华优秀传统文化价值内涵，进一步激发中华优秀传统文化的生机与活力；迫切需要加强政策支持，着力构建中华优秀传统文化传承发展体系。实施中华优秀传统文化传承发展工程，是建设社会主义文化强国的重大战略任务，对于传承中华文脉、全面提升人民群众文化素养、维护国家文化安全、增强国家文化软实力、推进国家治理体系和治理能力现代化，具有重要意义。

（2）指导思想

高举中国特色社会主义伟大旗帜，全面贯彻党的十八大和十八届三中、四中、五中、六中全会精神，坚持以马克思列宁主义、毛泽东思想、邓小平理论、"三个代表"重要思想、科学发展观为指导，深入贯彻习近平总书记系列重要讲话精神和治国理政新理念新思想新战略，紧紧围绕实现中华民族伟大复兴的中国梦，深入贯彻新发展理念，坚持以人民为中心的工作导向，坚持以社会主义核心价值观为引领，坚持创造性转化、创新性发展，坚守中华文化立场、传承中华文化基因，不忘本来、吸收外来、面向未来，汲取中国智慧、弘扬中国精神、传播中国价值，不断增强中华优秀传统文化的生命力和影响力，创造中华文化新辉煌。

（3）基本原则

牢牢把握社会主义先进文化前进方向。坚持中国特色社会主义文化发展道路，立足于巩固马克思主义在意识形态领域的指导地位、巩固全党全国人民团结奋斗的共同思想基础，弘扬社会主义核心价值观，培育民族精神和时代精神，解决现实问题、助推社会发展。

坚持以人民为中心的工作导向。坚持为了人民、依靠人民、共建共享，注重文化熏陶和实践养成，把跨越时空的思想理念、价值标准、审美风范转化为人们的精神追求和行为习惯，不断增强人民群众的文化参与感、获得感和认同感，形成向上向善的社会风尚。

坚持创造性转化和创新性发展。坚持辩证唯物主义和历史唯物主义，秉持客观、科学、礼敬的态度，取其精华、去其糟粕，扬弃继承、转化创新，不复古泥古，不简单否定，不断赋予新的时代内涵和现代表达形式，不断补充、拓展、完善，使中华民族最基本的文化基因与当代文化相适应、与现代社会相协调。

坚持交流互鉴、开放包容。以我为主、为我所用，取长补短、择善而从，既不简单拿来，也不盲目排外，吸收借鉴国外优秀文明成果，积极参与世界文化的对话交流，不断丰富和发展中华优秀传统文化。

坚持统筹协调、形成合力。加强党的领导，充分发挥政府主导作用和市场积极作用，鼓励和引导社会力量广泛参与，推动形成有利于传承发展中华优秀传统文化的体制机制和社会环境。

（4）总体目标

到2025年，中华优秀传统文化传承发展体系基本形成，研究阐发、教育普及、保护传承、创新发展、传播交流等方面协同推进并取得重要成果，具有中国特色、中国风格、中国气派的文化产品更加丰富，文化自觉和文化自信显著增强，国家文化软实力的根基更为坚实，中华文化的国际影响力明显提升。

2. 主要内容

（1）核心思想理念

中华民族和中国人民在修齐治平、尊时守位、知常达变、开物成务、建功立业过程中培育和形成的基本思想理念，如革故鼎新、与时俱进的思想，脚踏实地、实事求是的思想，惠民利民、安民富民的思想，道法自然、天人合一的思想，等等，可以为人们认识和改造世界提供有益启迪，可以为治国理政提供有益借鉴。传承发展中华优秀传统文化，就要大力弘扬讲仁爱、重民本、守诚信、崇正义、尚和合、求大同等核心思想理念。

（2）中华传统美德

中华优秀传统文化蕴含着丰富的道德理念和规范，如天下兴亡、匹夫有责的担当意识，精忠报国、振兴中华的爱国情怀，崇德向善、见贤思齐的社会风尚，孝悌忠信、礼义廉耻的荣辱观念，体现着评判是非由直的价值标准，潜移默化地影响着中国人的行为方式。传承发展中华优秀传统文化，就要大力弘扬自强不息、敬业乐群、扶危济困、见义勇为、孝老爱亲等中华传统美德。

（3）中华人文精神

中华优秀传统文化积淀着多样、珍贵的精神财富，如求同存异、和而不同的处世方法，文以载道、以文化人的教化思想，形神兼备、情景交融的美学追求，俭约自守、中和泰和的生活理念，等等，是中国人民思想观念、风俗习惯、生活方式、情感样式的集中表达，滋养了独特丰富的文学艺术、科学技术、人文学术，至今仍然具有深刻影响。传承发展中华优秀传统文化，就要大力弘扬有利于促进社会和谐、鼓励人们向上向善的思想文化内容。

3. 重点任务

（1）深入阐发文化精髓

加强中华优秀传统文化研究阐释工作，深入研究阐释中华优秀传统文化的历史渊源、发展脉络、基本走向，深刻阐明中华优秀传统文化是发展当代中国马克思主义的丰厚滋养，深刻阐明传承发展中华优秀传统文化是建设中国特色社会主义事业的实践之需，深刻阐明丰富多彩的多民族文化是中华文化的基本构成，深刻阐明中华文明是在与其他文明不断交流互鉴中丰富发展的，着力构建有中国底蕴、中国特色的思想体系、学术体系和话语体系。加强党史、国史及相关档案编修，做好地方史志编纂工作，巩固中华文明探源成果，正确反映中华民族文明史，推出一批研究成果。实施中华文化资源普查工程，构建准确权威、开放共享的中华文化资源公共数据平台。建立国家文物登录制度，建设国家文献战略储备库、革命文物资源目录和大数据库。实施国家古籍保护工程，完善国家珍贵古籍名录和全国古籍重点保护单位评定制度，加强中华文化典籍整理编纂出版工作。完善非物质文化遗产、馆藏革命文物普查建档制度。

（2）贯穿国民教育

围绕"立德树人"根本任务，遵循学生认知规律和教育教学规律，按照一体化、分学段、有序推进的原则，把中华优秀传统文化全方位融入思想道德教育、文化知识教育、艺术体育教育、社会实践教育各环节，贯穿于启蒙教育、基础教育、职业教育、高等教育、继续教育各领域。以幼儿、小学、中学教材为重点，构建中华文化课程和教材体系。编写中华优秀传统文化幼儿读物，开展"少年传承中华传统美德"系列教育活动，创作系列绘本、童谣、儿歌、动画等。修订中小学道德与法治、语文、历史等课程教材。推动高校开设中华优秀传统文化必修课，在哲学社会科学及相关学科专业和课程中增加中华优秀传统文化的内容。加强中华优秀传统文化相关学科建设，重视保护和发展具有重要文化价值和传承意义的"绝学"、冷门学科。推进各级院校民族文化传承与创新示范专业点建设。丰富拓展校园文化，推进戏曲、书法、高雅艺术、传统体育等进校园，实施中华经典诵读工程，开设中华文化公开课，抓好传统文化教育成果展示活动。研究制定国民语言教育大纲，开展好国民语言教育。加强面向全体教师的中华文化教育培训，全面提升师资队伍水平。

（3）保护传承文化遗产

坚持保护为主、抢救第一、合理利用、加强管理的方针，做好文物保护工作，抢救保护濒危文物，实施馆藏文物修复计划，加强新型城镇化和新农村建设中的文物保护。加强历史文化名城名镇名村、历史文化街区、名人故居保护和城市特色风貌管理，实施中国传统村落保护工程，做好传统民居、历史建筑、革命文化纪念地、农业遗产、工业遗产保护工作。规划建设一批国家文化公园，成为中华优秀传统文化重要标识。推进地名文化遗产保护。实施非物质文化遗产传承发展工程，进一步完善非物质文化遗产保护制度。实施传统工艺振兴计划。大力推广和规范使用国家通用语言文字，保护传承方言文化。开展少数民族特色文化保护工作，加强少数民族语言文字和经典文献的保护和传播，做好少数民族经典文献和汉族经典文献互译出版工作。实施中华民族音乐传承出版工程、中国民间文学大系出版工程。推动民族传统体育项目的整理研究和保护传承。

（4）滋养文艺创作

善于从中华文化资源宝库中提炼题材、获取灵感、汲取养分，把中华优秀传统文化的有益思想、艺术价值与时代特点和要求相结合，运用丰富多样的艺术形式进行当代表达，推出一大批底蕴深厚、涵育人心的优秀文艺作品。科学编制重大革命和历史题材、现实题材、爱国主义题材、青少年题材等专项创作规划，提高创作生产组织化程度，彰显中华优秀传统文化的精神内涵和审美风范。加强对中华诗词、音乐舞蹈、书法绘画、曲艺杂技和历史文化纪录片、动画片、出版物等的扶持。实施戏曲振兴工程，做好戏曲"像音像"工作，挖掘整理优秀传统剧目，推进数字化保存和传播。实施网络文艺创作传播计划，推动网络文学、网络音乐、网络剧、微电影等传承发展中华优秀传统文化。实施中国经典民间故事动漫创作工程、中华文化电视传播工程，组织创作生产一批传承中华文化基因、具有大众亲和力的动画片、纪录片和节目栏目。大力加强文艺评论，改革完善文艺评奖，建立有中国特色的文艺研究评论体系，倡导中华美学精神，推动美学、美德、美文相结合。

（5）融入生产生活

注重实践与养成、需求与供给、形式与内容相结合，把中华优秀传统文化内涵更好更多地融入生产生活各方面。深入挖掘城市历史文化价值，提炼精选一批凸显文化特色的经典性元素和标志性符号，纳入城镇化建设、城市规划设计，合理应用于城市雕塑、广场园林等公共空间，避免千篇一律、千城一面。挖掘整理传统建筑文化，鼓励建筑设计继承创新，推进城市修补、生态修复工作，延续城市文化。加强"美丽乡村"文化建设，发掘和保护一批处处有历史、步步有文化的小镇和村庄。用中华优秀传统文化的精髓涵养企业精神，培育现代企业文化。实施中华老字号保护发展工程，支持一批文化特色浓、品牌信誉高、有市场竞争力的中华老字号做精做强。深入开展"我们的节日"主题活动，实施中国传统节日振兴工程，丰富春节、元宵、清明、端午、七夕、中秋、重阳等传统节日文化内涵，形成新的节日习俗。加强对传统历法、节气、生肖和饮食、医药等的研究阐释、活态利用，使其有益的文化价值深度嵌入百姓生活。实施中华节庆礼仪服装服饰计划，设计制作展现中华民族独特文化魅力的系列服装服饰。大力发展文化旅游，充分利用历史文化资源优势，规划设计推出一批专题研学旅游线路，引导游客在文化旅游中感知中华优秀传统文化。推动休闲生活与传统文化融合发展，培育符合现代人需求的传统休闲文化。发展传统体育，抢救濒危传统体育项目，把传统体育项目纳入全民健身工程。

（6）加大宣传教育力度

综合运用报纸、书刊、电台、电视台、互联网站等各类载体，融通多媒体资源，统筹宣传、文化、文物等各方力量，创新表达方式，大力彰显中华文化魅力。实施中华文化新媒体传播工程。充分发挥图书馆、文化馆、博物馆、群艺馆、美术馆等公共文化机构在传承发展中华优秀传统文化中的作用。编纂出版系列文化经典。加强革命文物工作，实施革命文物保护利用工程，做好革命遗址、遗迹、烈士纪念设施的保护和利用。推动红色旅游持续健康发展。深入开展"爱我中华"主题教育，充分利用重大历史事件和中华历史名人纪念活动、国家公祭仪式、烈士纪念日，充分利用各类爱国主义教育基地、历史遗迹等，展示爱国主义深刻内涵，培育爱国主义精神。加强国民礼仪教育。加大对国家重要礼仪的普及教育与宣传力度，在国家重大节庆活动中体现仪式感、庄重感、荣誉感，彰显中华传统礼仪文化的时代价值，树立文明古国、礼仪之邦的良好形象。研究提出承接传统习俗、符合现代文明要求的社会礼仪、服装服饰、文明用语规范，建立健全各类公共场所和网络公共空间的礼仪、礼节、礼貌规范，推动形成良好的言行举止和礼让宽容的社会风尚。把优秀传统文化思想理念体现在社会规范中，与制定市民公约、乡规民约、学生守则、行业规章、团体章程相结合。弘扬孝敬文化、慈善文化、诚信文化等，开展节俭养德全民行动和学雷锋志愿服务。广泛开展文明家庭创建活动，挖掘和整理家训、家书文化，用优良的家风家教培育青少年。挖掘和保护乡土文化资源，建设新乡贤文化，培育和扶持乡村文化骨干，提升乡土文化内涵，形成良性乡村文化生态，让子孙后代记得住乡愁。加强港澳台中华文化普及和交流，积极举办以中华文化为主题的青少年夏令营、冬令营以及诵读和书写中华经典等交流活动，鼓励港澳台艺术家参与国家在海外举办的感知中国、中国文化年（节）、欢乐春节等品牌活动，增强国家认同、民族认同、文化认同。

（7）推动中外文化交流互鉴

加强对外文化交流合作，创新人文交流方式，丰富文化交流内容，不断提高文化交流水平。充分运用海外中国文化中心、孔子学院，文化节展、文物展览、博览会、书展、电影节、体育活动、旅游推介和各类品牌活动，助推中华优秀传统文化的国际传播。支持中华医药、中华烹饪、中华武术、中华典籍、中国文物、中国园林、中国节日等中华传统文化代表性项目走出去。积极宣传推介戏曲、民乐、书法、国画等我国优秀传统文化艺术，让国外民众在审美过程中获得愉悦、感受魅力。加强"一带一路"沿线国家文化交流合作。鼓励发展对外文化贸易，让更多体现中华文化特色、具有较强竞争力的文化产品走向国际市场。探索中华文化国际传播与交流新模式，综合运用大众传播、群体传播、人际传播等方式，构建全方位、多层次、宽领域的中华文化传播格局。推进国际汉学交流和中外智库合作，加强中国出版物国际推广与传播，扶持汉学家和海外出版机构翻译出版中国图书，通过华侨华人、文化体育名人、各方面出境人员，依托我国驻外机构、中资企业、与我友好合作机构和世界各地的中餐馆等，讲好中国故事、传播好中国声音、阐释好中国特色、展示好中国形象。

4. 组织实施和保障措施

（1）加强组织领导

各级党委和政府要从坚定文化自信、坚持和发展中国特色社会主义、实现中华民族伟大复兴的高度，切实把中华优秀传统文化传承发展工作摆上重要日程，加强宏观指导，提高组织化程度，纳入经济社会发展总体规划，纳入考核评价体系，纳入各级党校、行政学院教学的重要内容。各级党委宣传部门要发挥综合协调作用，整合各类资源，调动各方力量，推动形成党委统一领导、党政群协同推进、有关部门各负其责、全社会共同参与的中华优秀传统文化传承发展工作新格局。各有关部门和群团组织要按照责任分工，制订实施方案，完善工作机制，把各项任务落到实处。

（2）加强政策保障

加强中华优秀传统文化传承发展相关扶持政策的制定与实施，注重政策措施的系统性、协同性、操作性。加大中央和地方各级财政支持力度，同时统筹整合现有相关资金，支持中华优秀传统文化传承发展重点项目。制定和完善惠及中华优秀传统文化传承发展工程项目的金融支持政策。加大对国家重要文化和自然遗产、国家级非物质文化遗产等珍贵遗产资源保护利用设施建设的支持力度。建立中华优秀传统文化传承发展相关领域和部门合作共建机制。制定文物保护和非物质文化遗产保护专项规划。制定和完善历史文化名城名镇名村和历史文化街区保护的相关政策。完善相关奖励、补贴政策，落实税收优惠政策，引导和鼓励企业、社会组织及个人捐赠或共建相关文化项目。建立健全中华优秀传统文化传承发展重大项目首席专家制度，培养造就一批人民喜爱、有国际影响的中华文化代表人物。完善中华优秀传统文化传承发展的激励表彰制度，对为中华优秀传统文化传承发展和传播交流作出贡献、建立功勋、享有盛誉的杰出海内外人士按规定授予功勋荣誉或进行表彰奖励。有关部门要研究出台入学、住房保障等方面的倾斜政策和措施，用以倡导和鼓励自强不息、敬业乐群、扶正扬善、扶危济困、见义勇为、孝老爱亲等传统美德。

（3）加强文化法治环境建设

修订《文物保护法》。出台《文化产业促进法》等相关法律，对中华优秀传统文化传承发展有关工作做出制度性安排。在教育、科技、卫生、体育、城乡建设、互联网、交通、旅游、语言文字等领域相关法律法规的制定修订中，增加中华优秀传统文化传承发展内容。加大涉及保护传承弘扬中华优秀传统文化法律法规施行力度，加强对法律法规实施情况的监督检查。充分发挥各行政主管部门在传承发展中华优秀传统文化中的重要作用，建立完善联动机制，严厉打击违法经营行为。加强法治宣传教育，增强全社会依法传承发展中华优秀传统文化的自觉意识，形成礼敬守护和传承发展中华优秀传统文化的良好法治环境。各地要根据本地传统文化传承保护的现状，制定完善地方性法规和政府规章。

（4）充分调动全社会的积极性与创造性

传承发展中华优秀传统文化是全体中华儿女的共同责任。坚持全党动手、全社会参与，把中华优秀传统文化传承发展的各项任务落实到农村、企业、社区、机关、学校等城乡基层。各类文化单位机构、各级文化阵地平台，都要担负起守护、传播和弘扬中华优秀传统文化的职责。各类企业和社会组织要积极参与文化资源的开发、保护与利用，生产丰富多样、社会价值和市场价值相统一、人民喜闻乐见的优质文化产品，扩大中高端文化产品和服务的供给。充分尊重工人、农民、知识分子的主体地位，发挥领导干部的带头作用，发挥公众人物的示范作用，发挥青少年的生力军作用，发挥先进模范的表率作用，发挥非公有制经济组织和社会组织从业人员的积极作用，发挥文化志愿者、文化辅导员、文艺骨干、文化经营者的重要作用，形成人人传承发展中华优秀传统文化的生动局面。

第二章　中华优秀传统文化概论

第一节　中华优秀传统文化的主要内容

一、中华优秀传统文化的核心思想理念

（一）讲仁爱

"仁"是儒家的核心思想之一，是中国古代伦理道德的宗旨和根本，是人们立身处世、治国理政的指南和规范。从孔孟（孔子、孟子）到程朱（程颐、朱熹）等历代大儒，都把"仁"作为最高的道德准则。

据统计，"仁"字在《论语》中出现了 109 次，孔子对"仁"从不同方面和角度作了全面深入的阐释。第一，要有仁爱之心。"仁者爱人""仁者，人也"，即一个有仁爱之心的人才能算是真正的人，才能真正爱别人。第二，要自爱。仁爱是以自爱为起点并不断扩展的。第三，要爱亲人，即血缘亲情之爱。孔子非常重视孝悌之道，主张处理一切人伦关系时，都要从孝悌做起。第四，"泛爱众"，即爱一切人。孔子将亲情之"爱"推广开来，要求人与人之间要充满爱心，要讲究"忠恕之道""己欲立而立人，己欲达而达人""己所不欲，勿施于人"。第五，爱万物。儒家还把"仁爱"推向万物，达到"仁者，以天地万物为一体"的境界。

之后，孟子发展了孔子的仁学思想，提出了"仁政"学说，其内涵就是统治者要以仁爱之心推己及人，施于百姓，只有这样才能称王于天下。以仁学为中心，孔子、孟子等儒家学者阐发了修身、齐家、治国等多领域

的德目，影响了一代又一代的中国人。

要使以儒家为代表的中华优秀传统文化在当代道德建设中发挥重要作用，就要抓住儒学的核心价值，就要有一系列"仁"的举措。第一，社会要大力倡导孝悌之风，孝悌之风起，仁爱友善、诚实守信的价值观自然就会应运而生，其他社会问题也可迎刃而解；第二，党员干部要有仁爱之心，始终坚持以仁为本、以仁立身、以仁办事，做一个"仁爱"之人，进而形成社会示范效应，带动广大人民群众践行仁爱之道。

总之，儒家的仁爱思想凝聚着中华民族最深层次的精神追求，至今仍然需要我们不断挖掘、阐发、践行，使之根于心、施于行。

（二）重民本

任何一个文明古国，都是从生活在天地之间的芸芸众生开始发展起来的。如果没有了民众，也就没有了社会，哪里还能有国家呢？

老子曾说，他理想中的完美国家，是百姓根本不知道谁是他们的君王。也就是说，看王隐藏在社会当中，他并不显贵，也并不高傲，只是在有意无意地为维持整个部落群体的正常运转而默默服务着，是真正的人民公仆。孔子认为看子与小人的区别仅在于思想意识和人品，却不在地位的贵与贱、家庭的富与贫。所以说，君子来源于普通人，一国之君也是从普通人中脱颖而出的。既然贵族、君王最初均出自平民，那国家、社会又有什么理由不重视平民群体呢？

不仅是君王，许多古代的贤人、能人也出自平民。商朝时，一个从事夯土版筑的奴隶傅说被商王武丁看中，被提升为宰相，名垂千古；姜太公只是一个市场上的商贩，被周文王举为谋士，周武王伐纣灭商后，受封于齐国而成为一等诸侯。他们都出自平民，却都有机会成就功业。

一个国家重视平民的主要目的，是为了让国家强大，让民众得以幸福生活，同时提升国民的整体素质。所以国家针对这一点，就要实施"教民""强民""富民"的政策，但在强化国民整体素质的同时，国家还要兼顾那些弱势群体，所以以"忧民"和"养民"的态度与政策来关怀百姓，也是国家所必要的道德行为。民众整体素质参差不齐，内部难免会有矛盾，国家想要保持稳定发展和繁荣，就必须制定行之有效的法律制度，以法治保障和促进经济发展、社会富足，必须重视"顺民""惜民"的原则，研究综合"治民"的手段，为最终建成一个内部和谐、共同发展、自身富足的强大国家而努力奋斗。

（三）守诚信

诚信是中华传统美德中一个非常重要的概念，也是中华民族最为看重的高贵品质。所谓"诚信"，具体地说，也就是日常生活中人们行为上的诚实和信用，表现为态度真诚、老实、讲信誉，一诺千金。

现在我们所说的"诚信"一词，是由"诚"与"信"两个部分组成的，最初也是被分开使用的。关于"诚"，孟子说："诚者，天之道也；诚之者，人之道也。""信"的基本内涵指遵守诺言、言行一致、诚实不欺。按《说文解字》中的说法是"人言为信"，以及程颐认为"以实之谓信"，我们可以知道，"信"不仅仅是要求人们在言谈方面诚实可靠，杜绝说大话、假话、空话，也要求在事情上做到诚实可靠。

在"诚"与"信"这两者的关系中，"诚"主要关涉主体的内在道德品质方面，表现为态度上的真诚；"信"主要涉及主体的外化行为，也就是如何将内在的"真诚"外化、表现出来。内在的"诚"与外在的"信"合二为一，形成了一个内外兼修的词汇，千百年来为中华民族所看重，成为中华民族引以为傲的行为规范和道德修养，并形成了内涵丰富的"诚信观"。例如，春秋时期，晋文公在"城濮之战"中，遵照以前的许诺"退避三舍"的故事；吴国公子季札出使归途中，在徐国国君墓前挂剑的故事；东汉时，山阳书生范式与汝南书生张劭相约再见，两年后果然如期赴约的故事等。这些故事之所以广为流传，就是因为故事的主人公都将"诚信"作为自己的行为规范和座右铭，将"诚信"作为自己的人生信条之一。

"诚信"需要人们去共同维护。然而在当代社会，人们在物质上获得了极大满足，却面临着严峻的诚信危机。很多人通过不断打破诚信的社会体系，来满足个人对一己私利的追求，但终会付出惨重的代价。这就是"诚信"的规则在起作用。

（四）崇正义

"正义"就是指人们应当按照一定的道德标准去做事情，通常也代表着一种道德评价。"正义"一词最早见于《荀子·儒效》："不学问，无正义，以富利为隆，是俗人者也。"它最初萌芽于原始社会中的平等观念，最终形成于私有制形成后的某个阶段。

对于"正义"一词，《辞海》给出了这样的解释："对政治、法律、道德等领域中的是非、善恶作出的肯定判断。作为道德范畴，与'公正'同义，主要指符合一定社会道德规范的行为，看每个人是否得到了应有的权利，履行了应有的义务。"简言之，正义就是符合一定社会道德规范的权利和义务，且通常认为，正义就意味着公平、公正。

正义是个人行为的道德原则和价值标准。《中庸》说："义者，宜也。"就是说，"义"是合宜、正当的行为，是人伦之"义"。"义"是"人之为人"的社会性要求，个人之于国家、父母、朋友，都贵在坚守一个"义"字。孔子说："君子喻于义，小人喻于利。"当"义"与"利"发生冲突的时候，儒家通常是倡导"以义为上""见利思义"，也就是以"义"为先，顺"义"而行。

正义是国家和谐稳定的道德保障和普遍法则。墨子说："天下有义则治，无义则乱。"这里的"义"是家国层面上的"义"。以"义"治国则人民欢喜、社会和谐，不以"义"治国则人民不安定。贾谊在《新书·威不信》中说："古之正义，东西南北，苟舟车之所达，人迹之所至，莫不率服。"意思是说，执政者遵行"正义"，百姓就能安居乐业，普天之下人迹可至的地方都会甘愿顺服。执政者抛弃"正义"，百姓就会顺从"正义"而讨伐执政者，正所谓"义胜欲则昌，欲胜义则亡"。所以，正义是国家富强、民主、文明、和谐的牢固根基。

从这个意义上说，身处现代社会的我们提倡"崇正义"的价值观念，是非常有必要的。

（五）尚"和合"

"和合"思想在我国代代相传，在每个中华儿女的血脉里，都有着"和合"文化的深厚积淀。"和合"一词最早出现在《国语·郑语》中："商契能和合五教，以保于百姓者也。"这里的"五教"，指的是父义、母慈、兄友、弟恭、子孝这五种道德关系，实现彼此间关系的和谐，进而使百姓获得安身立命的资本。

古人向来崇尚"和谐"的状态，认为不同的事物之间和谐相处、彼此融合，便能组成一个有机的整体，这就是"和合"的基本内涵。所以，古人主张事物的多样性，强调不同的声音、味道、色调、线条、音符等因素相互调和而达到和谐的状态。可见，"和谐"既是对事物内部各要素之间恰当、协调状态的概括，也是对事物外部所呈现的多样性、差别性的普遍肯定。

因此可以说，作为古人对于社会关系的一种理想化呈现，和谐的关系是人类社会的终极目标，但在实现的过程中，只有先实现个人与他人关系上的和谐，才能实现个人与自然、社会以及其他文明的和谐关系。要想实现这种全方位的和谐，"和合"便是一条重要的途径。

今天，我们已经在经济上逐渐实现了富裕，国家的各项制度等也日趋完善，同时文乐娱教等文化因素也日渐繁盛，作为社会关系最基本也是最重要因素的个人，在社会关系的各要素中，则略显薄弱。这也在提示我们，加强个人的道德修养、提高个人的道德水平，始终是不可忽视、不可或缺的重要一环。孔子说的"君子和而不同，小人同而不和"，就是基于不同人对"和合"理念的不同态度而做出的基本判断。建设和谐社会，本质上也就是挖掘和阐发"和合"理念的时代价值，使"和合"理念内化于心、外化于行，成为人们共同崇尚的核心精神，成为涵养社会主义核心价值观的重要源泉，推动社会健康、有序发展。

（六）求大同

战国时期，尽管诸子百家思想林立、学术主张各不相同且互相攻击，但各派思想中都有关于"社会大同"的内容。

孔子认为，一个没有险恶阴谋，没有盗贼戕害，百姓互亲互爱且无须防备小人作恶的理想社会，就是所谓的大同社会。简言之，儒家所谓的大同，实质上就是人心的统一。墨子主张天下"尚同"，是希望天下人一家亲，反对儒家主张的尊卑高下，虽然墨家也认为人类社会需要官僚体系进行管理，但即使身居上位的天子也需顺从上天的意志，然后向下层层传达至平民，从而使全社会的想法趋于统一。国与国之间相互尊重而互不侵犯，人民之间也不分远近亲疏互相友爱，这样便可实现大同理想。以老子为代表的道家也讲求大同，但老子所说的大同指国家之间互不交往、相安无事、各自安定、自给自足，即以众多"小同"共存的形式来实现全天下的"大同"。法家所说的大同思想，则是利用君王的法、术、势等来强力消灭社会上的罪恶，以及人类的私欲、亲情，用赏罚制度引导人民与君王的意志"同一"。人民畏罚而爱赏，使君王的政令得以顺畅通行，秦朝建立后，"车同轨，书同文"的举措，便是法家"同一"的实践。

汉朝建立之后，先是道家的同一思想占了上风，统治者休养生息，弥补社会亏空，辅以法家思想惩治社会纷乱。自汉武帝罢黜百家、独尊儒术之后，儒家的大同思想便被用来教化百姓、培养人才，儒家的忠孝结合法家的法治，形成了沿袭后世的基本治国思想。所以，自汉武帝之后的2000多年封建王朝，就基本上呈现为"外儒内法"的主体形式。

中华人民共和国成立以后，"大同"理想又有了新的含义，不但有国家统一、领土完整，还有世界各国人民交往中的求同存异，以及世界各地在政治、经济、文化等领域间的相互促进与融合。这种崭新的大同思想，必将推动世界各国共同拥有一个更加美好的明天。

二、中华传统美德

（一）精忠报国、振兴中华的爱国情怀

深沉的家国之情是中华优秀传统文化的永恒主题，也是道德责任的亘古命题。孟子说"生，亦我所欲也；义，亦我所欲也。二者不可得兼，舍生而取义者也"；文天祥说"人生自古谁无死？留取丹心照汗青"；林则徐则说"苟利国家生死以，岂因祸福避趋之"。这种舍生取义的爱国情怀在中国优秀传统文化中占据很重要的位置，始终是中华优秀传统文化的精髓，深入中华儿女的血脉，根植于中华大地，谱写了中华民族璀璨的历史。随着历史的推移，在一代代精神传承中发展成为最纯净、最圣洁、最具有底蕴的民族情怀。

（二）崇德向善、见贤思齐的社会风尚

崇德向善、见贤思齐是中华优秀传统文化中对个人修身养德的要求，要求人们尊崇品德，努力向善，看到比自己贤德的人要向他看齐。反之就

要以之为镜鉴来反思自己。也就是说，道德品质的形成，需要个体不断体悟、不断反思，从而从内心认同道德观点。崇德向善、见贤思齐还说明了榜样的作用，孔子的"三人行必有我师焉"，"孟母三迁"只为让孟子不受恶邻影响，杜甫的"李邕求识面，王翰愿卜邻"以及傅玄的"近朱者赤，近墨者黑"等都说明古人看重周边人的道德修养，对于有高尚道德品质的圣人非常尊崇。

例如，人民日报社积极履行党中央机关报职责使命，充分发挥全媒体传播优势，全方位多角度宣传道德模范的先进事迹，大力弘扬道德模范热爱祖国、奉献人民的家国情怀，自强不息、砥砺前行的奋斗精神，积极进取、崇德向善的高尚情操，着力营造崇尚关爱模范的浓厚氛围，推动形成见贤思齐的社会风尚。

1. 着力宣传道德模范先进事迹

历届全国道德模范评选，人民日报都用 20 多个整版刊登候选人事迹。通过《德耀中华》《文明的力量》《最美奋斗者》《点赞中国》《道德模范评选表彰》等栏目，生动讲述道德模范的感人故事。《本色——甘祖昌将军夫人龚全珍的故事》《我国第一代核潜艇总设计师、中国工程院院士黄旭华——"我的一生属于核潜艇属于祖国"》《一个人，一辈子，一道渠——贵州遵义老支书黄大发的无悔人生》《95 岁老人、71 载党龄、63 年深藏功名，张富清——一位老英雄的初心本色》等事迹，情感真挚细腻，语言生动朴实，故事感人至深，引起广泛共鸣。充分运用媒体融合发展成果，制作推出了一系列反映道德模范先进事迹的新媒体作品，引发热转热议，形成刷屏效应。人民日报法人微博推出微纪录片《你好，张桂梅》，阅读量 1835 万次；微博话题"卫国戍边英雄群体候选军队全国道德模范"，阅读量 1.1 亿次。人民网精心制作历届全国道德模范评选表彰活动专题，集纳相关重点报道。

2. 着力展示道德模范高尚品格

2020 年以来，人民日报理论版先后刊发钟南山署名文章《人民至上生命至上》、张定宇署名文章《平凡人也能成为真英雄》等，线上线下都产生了良好反响。人民日报抖音号推出微视频《每次看都忍不住泪目！林俊德院士参与了中国所有核试验，生命最后时刻仍在为国工作。致敬国之脊梁!》，播放量超过 2.7 亿次，点赞量 1774 万。文艺副刊推出《逐梦》《致敬功勋党员》《决胜 2020》等报告文学专栏和《幸福就在晶莹的辛勤劳动汗水里》等专版，刊发《雀儿山高度》《铁人张定宇》《格桑花盛开在玉麦河谷》《黄大发和乡亲们筑渠的故事》《群山不会忘记》《执着的坚守》等多篇作品，通过文学手法讲述道德模范的感人故事，展现高尚的道德品质和崇高的精神境界。

3. 着力引导人们向道德模范学习

近年来，人民日报先后刊发《以优秀共产党员为标杆》《推动全民道德素质和社会文明程度达到新高度》《向新时代最美奋斗者致敬——论学习贯彻习近平总书记在全国劳动模范和先进工作者表彰大会上重要讲话》《向功勋模范人物致敬!》等评论员文章，《人民论坛》专栏先后刊发《挺起新时代的民族精神脊梁》《争当美德传承者践行者》《筑牢民族复兴的精神支撑》等重点评论，评论版《人民观点》《人民时评》《评论员观察》等栏目，结合道德模范先进事迹，围绕社会公德、职业道德、家庭美德、个人品德刊发评论文章，积极引导人们感悟精神的力量、道德的力量，推动形成崇德向善、见贤思齐的良好社会风尚。

伟大时代呼唤伟大精神，崇高事业需要榜样引领。我们要坚持以习近平新时代中国特色社会主义思想为指导，深入宣传阐释习近平总书记关于加强社会主义思想道德建设、发挥道德模范榜样作用的重要论述，按照王沪宁同志在第八届全国道德模范座谈会上的讲话要求和会议工作部署，深入宣传阐释社会主义核心价值观，通过新闻报道、专栏专版、评论理论、文学作品和形式多样的新媒体产品，深入宣传第八届全国道德模范的先进事迹，持续讲好不同时期英雄模范的感人故事，用榜样的力量激励人们崇德向善、见贤思齐，营造崇尚、学习、关爱道德模范的浓厚氛围，为把道德模范的榜样力量转化为亿万群众的生动实践，为汇聚全面建设社会主义现代化国家、实现中华民族伟大复兴中国梦的磅礴力量作出应有贡献。

(三) 孝悌忠信、礼义廉耻的荣辱观念

孝悌忠信、礼义廉耻是中华优秀传统文化中对个人的基本的伦理要求。[①] 孝是孝顺父母，悌是亲近兄弟；忠是心志坚定，信是诚实守信；礼是人立足之根本，义是君子标尺；廉是为政准则，知耻才能达到近乎勇的境界。在儒家文化中，"为己""成己"就是要求人格达到理想的境界，其首先要注重的是人格的"内圣"。"内圣"就是表现出善的德行，为理想人格提供内在规定，即孝悌忠信、礼义廉耻。此贯穿于整个中华传统文化的发展之中，成为中华传统美德的核心因素，并深深地内化到每个中国人的日常行为、思想理念之中，成为中华优秀传统文化固有的道德取向。中华优秀传统文化的价值目标就是要实现对个人道德品质的提升与完善。

中华民族历来重视自我修养和社会和谐。在长期探索实践和文明传承中，中华民族形成了源远流长、博大精深的传统文化，构建了具有本民族特色的思想观念、人文精神、价值体系，为推动中华民族生生不息、中国社会发展进步提供了强大思想引领和精神支撑。习近平总书记在北京大学师生座谈会上指出："中华文明绵延数千年，有其独特的价值体系，中华优秀传统文化已经成为中华民族的基因，植根在中国人内心，潜移默化影响着中国人的思想方式和行为方式。"[②]

在中华传统的道德体系中，以"孝悌忠信、礼义廉耻"为核心的荣辱观念可以说是一个重要的基础性支撑，在数千年的历史进程中，它始终不曾被磨灭，成为指导中华儿女做人、行事的重要准则。

"孝悌忠信、礼义廉耻"，据称为宋代著名理学家朱熹对儒家德育思想精髓的总结，其内涵经理论阐释和群众实践后，不断丰富。"孝"指孝顺父母、长辈，也包括尽忠国家之"大孝"；"悌"指兄弟间的手足之情，泛指朋友间的情谊；"忠"指忠君忠国爱民；"信"指人与人交往要讲信用，做到"言忠信，行笃敬"；"礼"是指为人行事讲礼节，不失礼、不逾矩；"义"指做人做事要有正义感，扶危济困，助人为乐；"廉"要求为官为政廉洁奉公，不徇私枉法；"耻"即以做违背道德法纪之事为耻，要自尊自

① 戴冰. 青年思想政治工作学引论 [M]. 上海：上海交通大学出版社，2019.
② 党建网. 习近平谈弘扬和发展中华优秀传统文化 [EB/OL]. (2019-10-17) [2022-10-11]. https：//baijiahao. baidu. com/s? id=1647620698711216640&wfr=spider&for=pc.

重，洁身自好，正所谓"知耻近乎勇"。看似简单的"孝悌忠信、礼义廉耻"八个字，价值内涵却十分丰富，不仅涵盖了个人为人处世的价值观，包括个人如何处理自己与社会、国家关系的价值观，而且对于指导、规范当今时代人们的行为与观念有重要意义。这些重要的道德操守，是今天社会主义核心价值观的重要根基，为我们今天培育和弘扬社会主义核心价值观提供了道德资源和精神源泉。

中华传统美德是中华文化精髓，蕴含着丰富的思想道德资源。不忘本来才能开辟未来，善于继承才能更好创新。对以儒家伦理为根基的传统美德，不能采取虚无主义的态度，而要深入挖掘和阐发中华优秀传统文化讲仁爱、重民本、守诚信、崇正义、尚和合、求大同的时代价值，使中华优秀传统文化成为涵养社会主义核心价值观的重要源泉，让社会主义核心价值观焕发生命力。

（四）自强不息、敬业乐群的奋斗精神

自古以来，自强不息就是我们中华民族几千年来熔铸成的民族精神，是中华文明得以绵延千载、生生不息的精神动力，也是人生应有的昂扬向上的精神状态。"天行健，君子以自强不息。"激励着我们中华民族多少仁人志士为抵御外族、保卫国土而流血牺牲、奋斗不已。戚继光继承父职，抗击倭寇，九战九捷，"封侯非我意，但愿海波平"，他以其自强不息的精神终生平倭患。郑成功"开辟荆榛逐荷夷"收复宝岛台湾。

林则徐曾说："若鸦片一日未绝，本大臣一日不回。"他上书道光帝，亲往广东，虎门销烟，驱逐英国殖民者。甲午风云，黄海大战，邓世昌和将士们浴血奋战，用生命谱写了壮丽的诗篇，留下"此日漫挥天下泪，有公足壮海军威"的威名。到了当代中国，从汶川地震到玉树地震，中国人做到了"一方有难八方支援"。以自强不息的精神战胜一切磨难，从北京奥运到上海世博，世界给中国一个舞台，中国向世界展示自己的风采。

"天将降大任于斯人也，必先苦其心志，劳其筋骨，饿其体肤"，一个人要承担时代赋予的伟大使命，往往要经过一系列的磨难、挫折，才能磨炼意志，增长才干，成就大业。"眼前多少难甘事，自古男儿当自强。"当我们面对人生困难时，不能消磨意志，丧失信心。哪怕千难万难，我们也要勇敢面对，只有自强不息，才能提升人生境界，最大限度地发挥自己的

潜能和价值，大有可为，创造出精彩的人生。梁启超曾说："少年强则国强。"所以今天的我们，应以自强不息的精神面对我们的生活和学习。做到在困难面前不低头，不丧气；勇于开拓，不卑不亢，百折不挠；志存高远，执着追求，做一个真正的强者。自强不息的精神使中华民族得以历经沧桑而不衰，历经磨难而更强，豪迈地屹立于世界民族之林。今天的我们更应该做到自强不息，把我们中华民族的国魂发扬光大。

三、中华人文精神

（一）求同存异、和而不同的处世方法

"求同存异、和而不同"本质上是人与人、人与社会之间的一种交往方法，指的是在尊重多样性前提下有差别的同一。孔子说："君子和而不同，小人同而不和。""和"与"同"并不相同，"和实生物，同则不继"，宇宙万物的存在都是"和"，不是"同"。由此，引申出中国人处事的一个根本态度或原则，也应该求"和"而不求"同"。历史上求同存异与和而不同相互交织。君臣交往也是如此，晏子曾说："所谓和者，君甘则臣酸，君淡则臣咸。今据也甘君亦甘，所谓同也，安得为和。"国家和社会发展也是如此，中国自汉朝开始就频繁与周边国家和地区进行生产生活包括语言文字等方面的交流，用高度的智慧达成求同存异、和而不同的目的。从文化方面看，中国几千年的发展过程正是不同文化交流和融合的过程，中华优秀传统文化吸取了儒、道、佛三家的精髓，共同构成中华优秀传统文化的总格局。

世界是丰富多彩的，多元共存的。在处理外交多边关系、多元文化共存、家庭关系和人际关系时，求同存异、和而不同是中华优秀传统文化馈赠给我们的一个基本思想方法。求同存异、和而不同的核心思想是接受不同，跳出固执己见、唯我独尊的线性思维与零和博弈，倡导互相尊重、多元并存、兼收并蓄、博采众长，如此才能凝聚群体力量，达成共识，共同发展。

在外交多边关系上，我们国家领导人引用中华传统文化历来主张的求同存异、和而不同的处世方法，取得了一系列让国人自豪、令各方赞誉的

重要成果。习近平总书记曾引用孟郊《答姚怤见寄》中的"日月不同光，昼夜各有宜"，意在指出虽然中美两国存在很多分歧和竞争，但是双方应相互尊重，求大同存小异，争取在大局上取得共识和谅解，在小的问题上保留意见和见解，从而使由美国挑起的举世瞩目的中美贸易战在近期得到最大限度的缓和，改善了双边关系的风险边际。正如《人民日报》中所说"共同点是基本的，分歧是局部的，可以求同存异。"

在多元文化共存上，我们依然要坚持求同存异，接纳不同的文化和思想，并加以融合发展。

在家庭关系中，对于父辈和子女之间的代沟、夫妻之间的价值观差异，往往要求彼此在互相尊重的基础上，求同存异，互相理解，于小处放宽心，如此才能减少争议，家庭和睦。《易经》中"同声相应，同气相求"和"物以类聚，人以群分"体现了求同存异、和而不同在人们处理家庭关系和人际关系时焕发的爱和包容的光彩。

历史进程就是不同文化和思想交流、接纳、融合的史诗画卷。构建和认知人类命运共同体必须将中华传统文化中求同存异、和而不同的处世方法作为一个重要的思想支撑和价值传承。

（二）文以载道、以文化人的教化思想

四大文明古国，仅有中华文化历经5000多年屹立于世界文明之林，这是因为中国人自古以来就重视文化对自我和社会的教化功能。文化是社会产物，所以人不仅是文化的创造者，而且是文化的继承者。也就是说，文化是由人们创造出来的，人们应该对自己创造出来的文化进行继承，人们创造出来的文化任何时候都是为人而服务的，人们享受着自己创造出来的文化。文化教育的载体就是"道"，中华优秀传统文化的精髓指向都是"于道为最高"，"道"代表着自然与社会的运行规律，通过"道"去教化人，传输文化中的价值理念。

作为中国传统文化主流的儒学，其核心是伦理中心、政治至上，这一思想极大地影响了中国古代文学。文学成为政治教化的工具，是中国古代文学最显著的特征。中唐时期的大文学家韩愈，在总结我国文学创作经验时，提出"文以载道，文道合一"的主张。这是对中国古代文学这一文化特征的很好概括。"文"是形式，"道"是内容，"文道合一"就是主张形

式与内容的统一。意即一切文学形式，都是为宣传一定道理而存在的，"文"是"道"的载体，以"道"来教化人。

纵观中国古代文学所宣传的"道"，主要是儒家思想。中国古代文学家基本上都是在儒家思想哺育下成长起来的。"修身齐家治国平天下"的入世思想是大多数知识分子共同的人生目标和价值取向。因此，在他们创作的大量的文学作品中，都渗透了这一思想，或以散文形式直接宣传此类儒家思想，或者以诗词歌赋寄托这种理想，或以小说戏剧，通过创造正反两方面的典型人物形象，虚构一些曲折的故事情节，潜移默化地传播儒家道德观念，老百姓常说的"说书唱戏劝人方"反映了小说戏剧的教化功能。所以文以载道、以文化人的教化传统成为整个中国古代文学的基本精神和文化特征。

文以载道、以文化人的教化传统，对中国文学的发展和社会效益有正、负两面的深刻影响。一方面，"文以载道"的教化传统使中国古代文学总体上没有偏离现实，使作品言之有物，言之有道，抒发真情，传播真谛，特别是使儒家学说中富有人民性的思想得以传承，起到了教化作用，如"君轻民贵""修身齐家治国平天下""学而不厌，诲人不倦""学而时习之""温故而知新""三人行，必有我师""有教无类"等治学态度和教育思想。尊老爱幼的传统美德等，通过文学形式而代代相承，给人们注入了政治热情、进取精神和社会使命感，使我们民族成为一个知书达理又富有创造性的文明礼貌之邦。另一方面，"文以载道"使中国古代文学在社会效益中产生过负面影响，即中国古代文学也渗透着儒家思想中消极腐朽的东西，如"君君臣臣，父父子子"的三纲五常的观念严重地损害了这些文学作品的思想意义。

（三）形神兼备、情景交融的美学追求

形神兼备指的是外在形式和内在状态的统一，是一种尽善尽美的追求。情景交融是从景出发感受情，由此形成的互相交融的审美意境。在中国美学看来，人和自然界不是完全割裂的，而是和谐共处的。所谓"大乐与天地同和"，高度强调真善美的统一，强调情与理的统一，强调认知和直觉的统一，强调自然和人的统一。

（四）俭约自守、中和泰和的生活理念

勤俭历来是中华民族的优秀传统，孔子将"俭"作为评判君子的重要标准，道家认为俭还有简易、简化的意思，讲的是对自然的敬畏。"中和""泰和"意之太平，"喜怒哀乐之未发，谓之中；发而皆中节，谓之和"。"中""和"相互统一，指的是人与外部世界和谐共处、互相助益的生活理念，强调和谐共生。

第二节　中华优秀传统文化的发展脉络

一、中华优秀传统文化核心价值观的近代化发展脉络

从广义文化的视角来看，中国近代的民族危机根本上就是一种文化危机，并进一步引发了中华传统文化核心价值观的危机。危机的出现，客观历史条件的变化，使中华传统文化不能按照原来的轨道运行，这就迫使中华传统文化不断革新，以适应新的社会形势。因此，中华传统文化不得不向西方文化的方向转向，这符合文化交流的一般规律，即落后文化向先进文化学习。由此可见，鸦片战争引起的文化危机是中华优秀传统文化近代化转向的重要契机。

（一）经世致用——中体西用

经世致用继承的是知行合一的传统，宋明理学在一定程度上偏离了这个传统。明清实学反对学术研究脱离社会现实，强调经世致用在近代的进一步确证和发扬，具体表现为"开眼看世界"和"师夷长技"。

在经世致用思想的支配下，魏源提出"师夷长技"、曾国藩提出"欲求自强之道，总以修政事、求贤才为急务，以学作炸炮、造轮舟等具为下手工夫。"这些主张的自然逻辑就是把中国的实学研究扩展到对西方的实学研究。基于魏源"师夷长技"的主张，早期改良主义者冯桂芬在《校邠庐抗议》中比较系统地论述了学习西方的必要性、紧迫性和可行性，以及

处理中西文化关系问题的基本原则。冯桂芬认为，"以中国之伦常名教为原本，辅以诸国富强之术"，这个观点被概括成"中学为体，西学为用"，并进一步提炼为"中体西用"这一简明说法。"中体西用"论流行于19世纪60年代至90年代洋务运动时期。① 一方面主张将中国传统体制和核心价值作为治国根本，另一方面主张将西方近代科技与物质文化作为富国强国的手段。

"中体西用"承袭的是儒家"内圣外王"的思路，但二者也有重要的区别。儒家文化的固有体系是"修己安人""内圣外王"，通过内省修身完善自我道德人格，把自我道德人格由内及外、由近及远地推及开来。明末清初学者李颙用"体""用"说明"内圣""外王"的关系。"明道存心以为体，经世宰物以为用，则体为真体，用为实用。"通过学习和实践儒家经典来实现"内圣"修养和"外王"事功，即"通经致用"；通过"成德成圣"获得"治国平天下"的"外王"功效，即"明体达用"。

（二）以人为本——从个性解放到大众观念

就中国近代的人本思想而言，其既继承和发展了古代民本思想，又具有一层近代启蒙思想的色彩。近代资产阶级政治家、思想家康有为在解释孟子"民贵君轻"的"微言大义"时，继承和发展了黄宗羲的思想。黄宗羲在《明夷待访录·原君》中认为，"古者以天下为主，君为客，凡君之所毕世经营者，为天下也"。康有为根据新的历史条件进一步指出，"盖国之为国，聚民而成之，天生民而利乐之。民聚则谋公共安全之事，故一切礼乐政法皆以为民也。但民事众多，不能人人自为公共之事，必公举人任之。所谓君者，代众民任此公共保全安乐之事。为民众之所公举，即为民众之所公用。民者如店肆之东人；人君者，乃聘雇之司理人耳。民为主而君为客，民为主而君为仆，故民贵而君贱，易明也"。也就是说，君主是民众中的一员，君权是民众赋予的，是受民众的委托、聘雇而为民众服务的。20世纪20年代，中国的文化变革进入了观念层面的近代化阶段。新文化运动的先驱者提出了新的价值观念和道德观念，以"个性主义、科学、民主"为口号，其根本点是重视"人的价值"，树立"独立人格"。这

---

① 林丹. 中华优秀传统文化核心价值观的历史渊源、发展脉络与基本走向 [J]. 文化软实力，2017，2（2）：62-69.

是革除旧价值观念和道德观念，建立与共和制相适应的新价值观念和道德观念的探索和尝试。个性主义，也可称个人主义，始于19世纪末的启蒙运动。最初是对"天赋人权"的呼喊和"新民"的鼓吹，是受西方近代启蒙思想中人性觉醒、个性解放、人格独立的追求的外界刺激而形成的。但是，这一时期中国的思想启蒙运动是在民族危机背景下爆发的救亡图存运动，并不十分关注个性解放。直到新文化运动时期，才将唤醒"国民之自觉"，使大多数国民"以完其自主自由之人格之谓也"作为根本任务之一，对追求个性解放的呐喊日渐强烈并产生深刻影响。

中国马克思主义者在批判"全盘西化"论和"中国本位文化"论基础上，将建设"民族的科学的大众的文化"作为发展中国新文化的正确方向。这个论断是毛泽东在1940年提出来的。鲁迅在1936年提出"民族革命战争的大众文学"口号，这一新文学口号同样具有一般的文化学意义。大众即民主，表现在使人民群众享有文化权，使广大人民群众掌握文化。将民主意识和群众观点统一起来，并更加明确新文化的性质和发展方向。但是，抗日战争的爆发和之后的解放战争严重地影响了新民主主义文化建设的历史进程。中国文化从传统向近代的转型并未能很好地完成，从而给中华人民共和国的文化建设留下了一个严峻又复杂的课题。

（三）兼收并蓄——世界观念

由于东亚大陆得天独厚的地理环境及在此基础上产生的以农耕经济为主题的经济生产形态和生活方式，中国的历史发展格局呈单元化，强化了以自我为中心的"天下国家"的观念，极大地阻碍了中国对外部先进文化的学习和借鉴。从世界史的意义上看，近代社会是由传统农业社会向工业社会的过渡。中西文化交流和冲突贯穿于中国社会转型和文化转型的始终。而且，中西文化交流是伴随着外来侵略和民族压迫同时出现的。因而，它的性质、规模是全面的，影响是巨大的。立足中华优秀传统文化，面对西方文化的侵略和挑战，既要建立民族文化的自尊心和自信心，激发民族文化的心理认同感，维护民族生存与独立；又要迎接新时代的挑战，反省和批判传统文化，这是一个二律背反的典型。基于此，康有为提出"泯中西之界限，化新旧之门户"。严复进而指出"必将阔视远想，统新故而视其通，苟中夕而计其全，而后得之"。孙中山提出"发扬吾固有之文化，且吸收世界之文化而光大之，以期与诸民族并驱于世界"。毛泽东更进一步强调"中国应该大量吸收外国的进步文化，作为自己文化食粮的原料""凡属我们今天用得着的东西，都应该吸收"①，这些思想体现了融汇中西、兼收并蓄、综合创新、与时俱进等对待中华优秀传统文化的基本价值观念。

五四运动以后，对于中西文化问题的争论越趋激烈且深化。西方战争的创痛引发了世界范围内反省西方文化的思潮；与此同时，中国人开始重新审视中华优秀传统文化的发展与复兴。面对西方文化广泛而又深刻的冲击，中华优秀传统文化的近代化变革体现在许多方面。一方面，表现在传统的考据学逐渐衰退，经世学风兴起。鸦片战争的爆发引发了社会危机和民族危机，受西方资产阶级天赋人权理论、民主政治制度、马克思主义理论的影响，仁人志士从挽救民族危亡的基本立场出发，开始更加关注国计民生的重大事项。另一方面，表现在中华优秀传统文化中唯我独尊的自我文化中心主义传统思想体系被打破。中国的思想意识逐渐受到现代意义上的国家民族平等观念的影响，思想观念与思维方式发生了重大变化，摒弃了"重理义，轻艺事"的偏见，代之以在一定程度上对工艺技巧的重视，提出学习西方长技和科学知识的新思想。从而把科学观念引入中国思想文化，为中华优秀传统文化的近代化转型注入强大的活力。

二、蕴含世界理念的中华优秀传统文化核心价值观的现代基本走向

中华人民共和国成立后，中国文化发展跌宕起伏，大致经历了三个不同阶段。一是由新民主主义文化向社会主义文化转变的阶段，群众性文化事业有了很大发展和进步。党的十一届三中全会以后，思想文化领域进入第二阶段，具体表现为 20 世纪 80 年代的"文化热"。21 世纪以来，文化研究进入第三阶段，主张用理性的头脑、客观冷静的眼光来审视中国的文化建设问题，该阶段也是文化研究的科学理性阶段。基于科学理性的文化反思，并且全球化已成为世界历史发展的必然趋势，中华优秀传统文化现代化的主题不仅涉及中华优秀传统文化的变革问题，还涉及与世界文化及

---

① 毛泽东. 毛泽东选集（第 2 卷）［M］. 北京：人民出版社，1991：706.

其变革的接轨问题。

(一) 整体观念与和谐精神

中华优秀传统文化中蕴含着整体价值观念，这对于推动当今全球化的健康发展具有积极意义。中华优秀传统文化的整体观念主要体现在"天下为公""世界大同"思想上。其中蕴含的与全球化核心内涵相适应的全人类之间不分贫富贵贱，充满真正自由、平等的理念和精神，是最值得继承和弘扬的。中华优秀传统文化的整体观念还体现在"以和为贵""亲仁善邻""协和万邦"的对内、对外政策理念上。这些理念是处理人际关系和民族关系的基本价值取向，也是处理国家关系的基本原则。其核心内涵之一就是反对侵略战争。

此外，中华优秀传统文化中由整体观念所孕育的集体主义意识，与社会群体发展的需要相适应，对于维护社会秩序和公共利益具有重要作用。其不但有利于人们形成全局利益高于局部利益、集体利益高于个人利益的整体观念，而且能形成强大的民族凝聚力，为文化现代化服务。

在解决人类面临的社会冲突时，中华优秀传统文化整体观念的和谐精神展现出积极价值。张立文在其著作《和合学概论——21世纪文化战略的构想》中提出了解决人类共同面临的冲突问题的和生、和处、和立、和达、和爱五大核心价值的"和合学"，为人类文明的发展做出重要贡献。何怀宏将爱国主义分为两种：一种是合乎道义的爱国主义，另一种是不合乎道义的爱国主义。合乎道义的爱国主义不仅是捍卫祖国，也是捍卫道义，即捍卫和平和信义。而以狭隘的民族利益为基本出发点的爱国主义最易激起冲突和矛盾，从而造成生灵涂炭，这是不合乎道义的爱国主义。尽管如此，即使是战争中正义的一方所进行的反侵略战争，他们所采取的战争手段也需受到道义的约束。这也不失为和谐精神的一种具体体现。

(二) 天人合一

随着人类文明的不断进步，科学技术得到了极大的发展，使人改造自然的能力获得了空前提高。人类利用科技手段向自然获取所需物质财富与生态平衡之间形成了具有矛盾与冲突关系的问题。美国生态学家奥尔多·

利奥波德提出了"大地共同体"的概念。他强调"共同体"既包括人，也包括土地、水、植物和动物，并建立了一种新的伦理学——大地伦理学。其主张伦理学的研究范围必须从对人的生命的关心扩展到对自然界的尊重。该理论要求现代人必须改变对自然界持有所有者和统治者的态度和基于此种逻辑关系形成的生活方式，从而与大地亲密地融为一个命运共同体。这里的基本道德准则就是，正当的行为趋向于维护共同体本身及每个成员的完整、美丽和稳定。反之，就是不正当的行为。

（三）和而不同与多元互补

在世界全球化的背景下，中国著名社会学家和人类学家费孝通提出"和而不同"的理念，主张以兼容代替排斥，以共处代替冲突，承认和维护世界文明的多样性。和而不同是多元一体的中华文化形成的基本经验，中华文化的包容性与中国古代先哲提倡和而不同的文化观有密切的关系。在此基础上，他提倡将中国的文化发展经验推而广之，创造一个"和而不同"的世界多元文化格局与全球社会。从中国多民族的背景以及长期的文化发展历史中，可以认识到文化形态是多种多样、丰富多彩的，不同的民族文化之间是可以相互沟通与和平共处的。因此，将这一模式推而广之，世界各国的文化也可以是相互尊重、兼收并蓄、求同存异的。这样不仅对各个国家的文化发展有利，也会促进世界文化的共同发展。这种主张多元文化共存的文化观，不仅反映了文化发展的动力与规律，而且具有提倡和鼓励不同文明交流对话、相互融合、化解冲突的最重要的指导原则，能够促进多种文化在求同存异、取长补短中共同发展、共同繁荣。

全球化进程应体现的是全球化的公正、富裕和幸福，而非少数集团或国家及其共同体内部的公正、富裕和幸福。即使各国之间的生产方式、经济体制与政治体制相近，但是各个国家的民族特性与文化传统却是多元的。"和而不同"既反对搞单一的同质化，也反对不同事物的冲突、对抗，主张尊重差异，多元互补，共同促进和维护世界文化多样性的可持续发展。不同民族、国家对自身历史、制度和文化都有自己独特的诠释，各国、各民族都应该正确认识和尊重这种差异，求同存异，共谋发展。"和而不同"思想的现代意蕴主要是用于处理经济全球化时代中不同国家的文化之间关系的一条基本原则，各国应当既认同本国的文化，又要以博大宽容的态度对待其他国家的文化，在对话中构建共识和理解差异，共同推动人类文明逐渐走向多元一体的和谐境地。

第三节　中华优秀传统文化的内在特质

一、中华优秀传统文化的地位和价值

传统文化是一个国家、一个民族集体精神的核心所在，能够决定其存亡兴衰。中华优秀传统文化是中华民族的精神血脉和精神力量，它不仅在从艺术到科学、从制度到生产的诸多领域为人类提供了极为丰富的资源，而且在与其他文化的交流互鉴中极大地推动了人类文明的发展与进步。优秀传统文化是一个国家、一个民族传承和发展的根本，如果丢弃了，就割断了精神命脉，就会置国家和民族于危险境地。当今世界竞争日趋激烈，不仅体现在军事、经济等硬实力方面，也体现在一国精神文化状态等软实力方面，是衡量一个国家综合国力和国际竞争力的重要指标。中华传统文化传承了中华民族独有的精神品质，是我们宝贵的精神财富，必须大力传承和弘扬，使其成为提升中国文化软实力的不竭文化源泉。随着改革开放的深入推进，中国已经进入全面深化改革的攻坚阶段，需要多方汲取智慧推动改革深入发展，而中华传统文化中蕴含着丰富的治国理政思想，对推进中国特色社会主义发展具有重要的启示和借鉴意义。从国内层面来看，中华传统文化滋养了一代又一代中国人的精神世界，是中国人民的精神纽带；从国际层面来看，中华传统文化是中华民族立足于世界的根基所在。

历史地看，中华传统文化大体包括先秦诸子百家争鸣、两汉经学兴盛、魏晋南北朝玄学流行、隋唐儒释道并立、宋明理学发展等重要历史时期，其中儒家思想和儒学发展贯穿了这几个重要的历史时期，始终是中华传统文化的重要组成部分。中华优秀传统文化蕴含的思想观念，如革故鼎新、与时俱进，脚踏实地、实事求是，惠民利民、安民富民，道法自然、天人合一等，为人们认识和改造世界提供了有益启迪，为治国理政提供了有益借鉴。中华优秀传统文化蕴含的人文精神，如求同存异、和而不同的处事方法，文以载道、以文化人的教化思想，形神兼备、情景交融的美学追求，俭约自守、中和泰和的生活理念等，滋养了中华民族独特丰富的文学艺术、科学技术、人文学术等，至今仍然具有深远影响。中华优秀传统文化蕴含的道德规范，如天下兴亡、匹夫有责的担当意识，精忠报国、振兴中华的爱国情怀，崇德向善、见贤思齐的社会风尚，孝悌忠信、礼义廉耻的荣辱观念，体现着评判是非曲直的价值标准，潜移默化地影响着中国人的行为方式。今天，我们传承发展中华优秀传统文化，就是要用蕴含其中的精髓滋养当代中国人的精神世界，提振当代中国人的精神力量。进入新时代，要坚持高度的历史文化自觉，继承和弘扬好中华优秀传统文化，既要传承，又要创新，在传承中实现创新发展，在民族资源的沃土中全面推进中国特色社会主义文化的发展。

党的十八大以来，习近平总书记高度重视传统文化的发展，主持召开了一系列重要工作会议部署中华传统文化发展工作，提出了一系列具有许多新的历史特点的关于中华传统文化的新理念、新思想、新战略，形成了习近平新时代文化思想中的重要内容与内涵。习近平总书记关于传统文化的思想是在中国特色社会主义进入新时代的背景下形成的，是指导传承和弘扬中华传统文化的科学指南，具有重要的理论和现实意义。2014年2月24日，习近平总书记在主持中共中央政治局第十三次集体学习时强调："抛弃传统、丢掉根本，就等于割断了自己的精神命脉。博大精深的中华优秀传统文化是我们在世界文化激荡中站稳脚跟的根基。"① 中华优秀传统文化积淀着中华民族最深层次的精神追求，蕴藏着中华民族最根本的精神基因，是中华民族建设文化强国的突出优势，也是中华民族独特的精神标识和气质凝聚。中华优秀传统文化讲仁爱、重民本、守诚信、崇正义、尚和合、求大同，是涵养社会主义核心价值观的重要源泉，也是夯实文化强国建设的基础。世界四大文明古国中只有中华文明虽历经沧桑，但从未断流。千百年来，中华传统文化几经解构与重构，历经沿革与流变，同时饱受外来文化的袭扰与冲击，在翻天覆地的社会变革中，在漫长而曲折的历史进程里，跨越绵延万里的空间界限，穿越千年流转的时光隧道，仍然能以绵延不绝、生生不息之势滚滚前进，足见中华传统文化之质与核的强大

① 人民网. 孝廉文化的时代价值［EB/OL］.（2019-10-10）［2022-10-15］. https：//baijiahao. baidu. com/s？id=16469630750305836848&wfr=spider&for=pc.

生命力。

2014 年，习近平主席在巴黎联合国教科文组织总部的演讲中提出："每一种文明都延续着一个国家和民族的精神血脉，既需要薪火相传、代代守护，更需要与时俱进、勇于创新……把跨越时空、超越国度、富有永恒魅力、具有当代价值的文化精神弘扬起来，让收藏在博物馆里的文物、陈列在广阔大地上的遗产、书写在古籍里的文字都活起来。"① 同年，习近平总书记在文艺工作座谈会上的讲话中指出："传承中华文化，绝不是简单复古，也不是盲目排外，而是古为今用、洋为中用，辩证取舍、推陈出新……"② 做好中华优秀传统文化的创造性转化和创新性发展，要科学对待中国文化的马克思主义命题，要科学地评价、辩证地对待前人留下的文化遗产，承认其相对的真理性以及在特定时代的进步价值，坚持继承和创新相结合，这是我们对待中华优秀传统文化的理论遵循。面对中华优秀传统文化的丰厚遗产，中华儿女不仅要从中汲取营养、赓续文脉、传承精神，更要跟着时代的脚步与节奏，将古韵转新曲，使中华民族优秀的文化基因与当代价值相适应、与现代社会相协调。

2017 年，习近平总书记在中国共产党第十九次全国代表大会上指出，在新时期弘扬中华优秀传统文化就要深入挖掘中华优秀传统文化蕴含的思想观念、人文精神、道德规范，结合时代要求继承创新，让中华文化展现出永久魅力和时代风采。传承和弘扬中华优秀传统文化，并不意味着故步自封，闭上眼睛不看世界，只有睁开眼睛，文化盛景才能入目。每个国家在其民族文化园林中都有其瑰宝，我们需要立足自己的国情，积极吸取其中的有益成分，择善而纳、兼收并蓄，丰富和发展中华文化。换言之，做好传统文化的创造性转化和创新性发展，我们需要具有面向世界的空间视野、面向未来的时间视域和面向现代化的现实视角。

从历史的角度看，习近平新时代中国特色社会主义思想中关于传统文化的思想是新时代中国文明发展历史自觉的必然结果；从现实需要的角度看，它也是对传统文化发展境遇的深刻判断。任何国家的发展都要建立在

---

① 新华社. 习近平在联合国教科文组织总部的演讲［EB/OL］.（2014-03-28）［2022-11-02］. http://www. gov. cn/xinwen/2014-03/28/content_2648480. htm.

② 新华社. 习近平在文艺工作座谈会上的讲话［EB/OL］.（2015-10-14）［2022-10-20］. http：//www. xinhuanet. com/politics/2015-10/14/c_1116825558. htm.

一定的历史文化传统的基础之上，历史的延续和文化的传承是国家发展的血脉和根基。一方面，注重在历史的延续中思考社会发展的现实走向，在文化传承中开辟新的发展道路是一个成熟的大国应有的能力和品质，这是高度的历史自觉和历史担当的体现。因此，习近平总书记深入考察中华优秀传统文化在历史发展中的深远影响，将传承和弘扬中华优秀传统文化放在历史长河中做深入考量，将传承和弘扬中华优秀传统文化置于中国特色社会主义发展历程中进行审视，从而形成习近平总书记关于传统文化的思想，具有深刻的历史必然性。另一方面，强调历史思维，注重从历史文化的延续性角度考虑国家发展是中国共产党的宝贵精神品质。我们必须在深刻把握中华民族5000多年的发展历程中考量中国特色社会主义的发展，中国特色社会主义有深厚的历史文化根基，这就是中华民族的发展历史和独特的文化传统。任何国家选择发展道路时都要从本国的发展历史和文化传统中汲取智慧，照抄照搬别国的发展经验不能起到长远的效果，必须立足本国的具体实际和历史文化传统。中国特色社会主义是在充分继承中华民族独特的文化传统和历史发展经验的基础上得出的正确发展道路，是经过对中华民族传统文化的文化自觉和文化自省而得出的必然结论。

二、中华优秀传统文化的内容和特征

中华优秀传统文化是中华文明的瑰宝，也是中华民族生生不息、发展壮大的重要滋养和根基，是我们实现中国梦、为人类发展提供中国方案的宝贵精神资源和文化力量。2013年9月26日，习近平总书记在会见第四届全国道德模范及提名奖获得者时指出："中华文明源远流长，孕育了中华民族的宝贵精神品格，培育了中国人民的崇高价值追求。自强不息、厚德载物的思想，支撑着中华民族生生不息、薪火相传，今天依然是我们推进改革开放和社会主义现代化建设的强大精神力量。"① 这段话深刻揭示了以习近平同志为主要代表的中国共产党人对中国传统文化的清晰认识和科学定位。党的十八大以来，习近平总书记全面审视中华传统文化的发展境遇，既看到中华传统文化发展面临着难得的历史机遇，又看到思想文化领

---

① 人民网. 王杰：习近平传统文化观三个重要方面［EB/OL］. (2014-08-22)［2022-11-10］. http://theory. people. com. cn/n/2014/0822/c112851-25517243. html.

域存在着干扰中华传统文化发展的现实困境。全面把握中华传统文化的现实境遇，深刻研判中华传统文化的处境，这是形成习近平总书记关于传统文化思想的重要现实依据。习近平总书记在纪念孔子诞辰2565周年国际学术研讨会暨国际儒学联合会第五届会员大会开幕会上的讲话中以儒家思想为例，特别强调了中华优秀传统文化对人类文明思想宝库有很大的贡献。他在多个场合曾指出，"孔子和儒家思想的许多观点和方法，对人类文明思想宝库有很大的贡献，提出了很多基本观念，有些是和世界其他国家思想一致的，不约而同地，有些是独自的贡献。如'仁''己所不欲，勿施于人'""研究孔子、研究儒学，是认识中国人的民族特性、认识当今中国人精神世界历史来由的一个重要途径"①"对人类进步文明思想，马克思主义中国化，孔子影响很大"。儒家思想同中华民族形成和发展过程中所产生的其他思想文化一道，记载了中华民族自古以来在建设家园的奋斗中开展的精神活动、进行的理性思维、创造的文化成果，反映了中华民族的精神追求，是中华民族生生不息、发展壮大的重要滋养。中华优秀传统文化是我们民族的"根"和"魂"，丢了"根"和"魂"，就没有根基了。从历史的角度来看，中华文明是中华民族形成和壮大的文化基础。在中华民族的形成历史上，春秋战国时期群雄并立，形成了数百年间频繁的人口交流和文化交流，诞生了一批对中华文明发展影响深远的文化原典，形成我国历史上第一座文化高峰，中华民族的主体——汉族也在这一时期得以形成。此后秦代一统，实行车同轨、书同文、人同伦，设立郡县，统一度量衡，为中华文明的扩散和中华民族的发展壮大奠定了极其关键的基础。接着，汉代与匈奴的对抗与交融，十六国时期少数民族纷纷进入中原地区，唐代开放融合的文化氛围等都对中华民族内部各族群之间的融合产生了巨大的促进作用。历经宋元明等历代的民族融合与交流，到清代时，中华民族内部的融合与交流达到了新的高度。总之，在漫长的文明演进中，中华文明以其开放、包容、求实和刚健的品格，孕育了人类最重要的文明形态之一。以"四书""五经""诸子集成""二十四史"等为代表的传统典籍，以《诗经》、《楚辞》、汉大赋、六朝骈文、唐诗、宋词、元曲、明清小说等为代表的文学作品，共同孕育了中华民族博大精深的思想智慧，滋养了

---

① 徐向红. 弘扬中华文化 增强责任担当［EB/OL］.（2014-03-28）［2022-11-02］. https：//epaper. gmw. cn/gmrb/html/2014-09/30/nw. D110000gmrb_20140930_1-16. htm. 光明网.

中华儿女充盈丰沛的精神世界。

当前，面对着世情、国情、党情的新变化、新特点，党治国理政尤为需要从中华传统文化中汲取智慧，以丰富党在处理国与国之间的关系、经济社会发展的关系、人与自然的关系等重大关系中的思路和智慧，从而推进国家治理体系和治理能力的现代化。在发展国家之间关系方面，中华传统文化也具有重要的时代价值，习近平总书记提出构建人类命运共同体的主张就是充分汲取了中华文化中"协和万邦""天下大同"等理念，对构建公正合理的国际秩序和国际关系具有重要的现实意义。正是由于中华优秀传统文化具有重要的现实启示和时代价值，我们需要大力弘扬和传承中华传统文化，这也为中华文化发展带来了新的历史发展机遇，因此，要加强对中华传统文化的宣传教育工作，深入挖掘和阐释中华文化的内涵和价值，为传承工作提供有利条件。当今世界中，人类文明无论在物质还是精神方面都取得了巨大进步，特别是物质的极大丰富是古代世界完全不能想象的。同时，当代人类面临着许多突出的难题，如贫富差距持续扩大、物欲追求奢华无度、个人主义恶性膨胀、社会诚信不断消减、伦理道德每况愈下、人与自然关系日趋紧张等。要解决这些难题，不仅需要运用人类如今发现和发展的智慧和力量，而且需要运用人类历史上积累和储存的智慧和力量。中华优秀传统文化承载和蕴含着丰富的智慧和力量，能够不断启迪中华民族走向新的辉煌。历史和现实都证明了，中华民族有着强大的文化创造力。每到重大历史关头，文化都能感国运之变化、立时代之潮头、发时代之先声，为亿万人民、为伟大祖国鼓与呼。中华文化既坚守根本又不断与时俱进，使中华民族保持了坚定的民族自信和强大的修复能力，培育了共同的情感和价值、共同的理想和精神。中华文化只有不断坚持守正创新，才可能为中华民族伟大复兴提供强大的精神支撑和心理动力。中国人民的理想和奋斗，中国人民的价值观和精神世界，是始终深深植根于中华优秀传统文化沃土之中的，同时又是随着历史和时代前进而不断与日俱新、与时俱进的。

作为国家文化发展战略的重要组成，中华优秀传统文化有着重要的时代价值，促进和激发着中国的社会进步和个人发展。中国梦是国家情怀、民族情怀、人民情怀相统一的梦。家是最小国，国是千万家。国泰则民安，民富则国强。中国梦的最大特点，就是把国家、民族和个人作为一个命运共同体，把国家利益、民族利益和每个人的具体利益紧紧联系在一起，体现了中华民族固有的"家国天下"的情怀。"家国天下"这四个字，高度浓缩了中华民族自古迄今一以贯之的崇高价值追求。中华传统文化体现出的责任、义务、集体、和谐、统一等理念深刻影响了民族心理。注重现实世界、关注群体价值、爱国爱家、注重伦理价值等都是中华传统文化的精神品格，这同西方文化观念有着很大的不同。24个字的社会主义核心价值观，在国家层面对应的是富强、民主、文明、和谐，在社会层面对应的是自由、平等、公正、法治，在公民个人层面对应的是爱国、敬业、诚信、友善，充分体现了社会主义核心价值观对中华优秀传统文化的吸收、对接和内在传承。一个国家选择什么样的治理体系，是由这个国家的历史传承、文化传统、经济社会发展水平等决定的，是由这个国家的人民决定的。我们今天的国家治理体系，是在我国历史传承、文化传统、经济社会发展等基础上长期发展、渐进式改进、内生性演化的结果。在社会价值层面，中华文明追求一种普遍的总体性价值，从而使所有个体生命都有共同的社会性归属；在自然价值层面，中华文明追求人与自然和谐相处，将人与作为自然的"天"相匹配，讲求天人合一，象天法地，天地人三才并育；在个人价值层面，中华文明认为个体生命的意义和价值要与家庭、国家和社会目标的实现紧密融合。这些价值体现在诸多传统文化典籍中，如儒家经典《大学》就提出，"大学之道，在明明德，在亲民，在止于至善""古之欲明明德于天下者，先治其国；欲治其国者，先齐其家；欲齐其家者，先修其身；欲修其身者，先正其心；欲正其心者，先诚其意；欲诚其意者，先致其知，致知在格物。物格而后知至，知至而后意诚，意诚而后心正，心正而后身修，身修而后家齐，家齐而后国治，国治而后天下平"，其中的"格物、致知、诚意、正心、修身、齐家、治国、平天下"千百年来一直就是中国人奋斗修身的准则，影响不可谓不深远。

中华优秀传统文化为治国理政提供了丰富的历史镜鉴和智慧启迪。在世界各民族中，中华民族具有深厚的史学传统，以史为鉴的观念深深烙印在中华民族的心灵深处。在悠久的历史进程中，中华民族总结提炼出了丰富的治国理政经验，为国家治理提供了借鉴和遵循依据。2013年12月，习近平总书记在纪念毛泽东同志诞辰120周年座谈会上的讲话中指出，"历史就是历史，历史不能任意选择，一个民族的历史是一个民族安身立命的基础。不论发生过什么波折和曲折，不论出现过什么苦难和困难，中华民族 5000 多年的文明史，中国人民近代以来 170 多年的斗争史，中国共产党 90 多年的奋斗史，中华人民共和国 60 多年的发展史，都是人民书写的历史。历史总是向前发展的，我们总结和吸取历史教训，目的是以史为鉴、更好前进。"① 习近平总书记对中华优秀传统文化中蕴含的丰富思想资源做过较为全面的总结，并曾使用多个"关于"来加以列举，如关于道法自然、天人合一的思想，关于天下为公、大同世界的思想，关于自强不息、厚德载物的思想，关于以民为本、安民富民乐民的思想，关于为政以德、政者正也的思想，关于苟日新日日新又日新、革故鼎新、与时俱进的思想，关于脚踏实地、实事求是的思想，关于经世致用、知行合一、躬行实践的思想，关于集思广益、博施众利、群策群力的思想，关于仁者爱人、以德立人的思想，关于以诚待人、讲信修睦的思想，关于清廉从政、勤勉奉公的思想，关于俭约自守、力戒奢华的思想，关于中和泰和、求同存异、和而不同、和谐相处的思想，关于安不忘危、存不忘亡、治不忘乱、居安思危的思想，等等。历史是最好的老师。在漫长的历史进程中，中华民族创造了独树一帜的灿烂文化，积累了丰富的治国理政经验，其中既包括升平之世社会发展进步的成功经验，也有衰乱之世社会动荡的深刻教训。我国古代主张民惟邦本、政得其民，礼法合治、德主刑辅，为政之要莫先于得人、治国先治吏，为政以德、正己修身，居安思危、改易更化，等等，这些都能给人们以重要启示。所以，中华优秀传统文化的精神血脉需要人们薪火相传、代代守护，也需要与时俱进、推陈出新。传统文化需要同中国的现代化进程有效结合起来，使中华民族最基本的文化基因同当代中国文化相适应、同现代社会相协调，把跨越时空、超越国界、富有永恒魅力、具有当代价值的文化精神弘扬开来，激活其内在的强大生命力，让中华文化同各国人民创造的多彩文化一道，为人类提供正确的精神指引。

第四节 中华优秀传统文化的实质与意义

一、中华优秀传统文化是中华文明的智慧结晶

（一）中华优秀传统文化是中华民族的突出优势

在 5000 多年文明发展中孕育的中华优秀传统文化，积淀着中华民族最深沉的精神追求，代表着中华民族独特的精神标识。中华优秀传统文化中蕴含的核心思想理念、中华传统美德和中华人文精神，是中华民族生生不息、发展壮大的丰厚滋养。中国共产党是中华优秀传统文化的忠实继承者、弘扬者和建设者，在领导人民进行革命、建设、改革的伟大实践中，自觉肩负起传承发展中华优秀传统文化的历史责任。特别是党的十八大以来，习近平总书记亲自谋划、指导和推动中华优秀传统文化的创造性转化和创新性发展，坚持把马克思主义基本原理同中国具体实际相结合、同中华优秀传统文化相结合，把对中华优秀传统文化地位、作用的认识提升到一个新的高度，丰富和发展了马克思主义文化建设理论，从而使中华优秀传统文化传承发展取得了突破性进展和历史性成就，中华文脉在赓续传承中弘扬光大。

（二）中华优秀传统文化是坚定文化自信的强大底气

文化自信是更基础、更广泛、更深厚的自信。历史和现实表明，一个国家和民族要自立自强，首先在文化上要自觉自信。"源浚者流长，根深者叶茂。"一个民族文化的形成，是一个不断积累沉淀、世代传承发展的过程，中华文化源远流长、灿烂辉煌，其在长期发展中形成的独一无二的理念、智慧、气度、神韵，增添了中国人民和中华民族内心深处的自信和自豪。中华文明是世界上唯一没有中断、发展至今的文明，靠的就是中华文化塑造的民族精神气质和文化自信。我们有坚定的道路自信、理论自信、制度自信，其本质是建立在 5000 多年文明传承基础上的文化自信。进

63

入新时代，以习近平同志为核心的党中央把文化自信、道路自信、理论自信和制度自信并列为中国特色社会主义的"四个自信"。在抗击新冠肺炎疫情的斗争中，14亿多中国人民风雨同舟、守望相助，共同铸就了团结一心、众志成城的强大精神防线，彰显了中华文化所具有的强大精神动力和中国人民坚定的文化自信。

（三）中华优秀传统文化对促进人类文明进步发挥着重要作用

把握人类社会历史经验和发展规律，汲取中华优秀传统文化的思想智慧，创造性地提出推动构建人类命运共同体的重大倡议，而中华文明自古就以开放包容闻名于世，在同其他文明的交流互鉴中不断焕发新的生命力。中华优秀传统文化蕴涵着和平、发展、公平、正义、民主、自由的全人类共同价值，"远人不服，则修文德以来之"，以理服人、以文服人、以德服人，是中华文化的生命禀赋和生存耐性。进入新时代，习近平总书记深刻揭示了中华优秀传统文化与当代文化、与世界文化之间的关系，阐述了中华优秀传统文化在构建人类命运共同体中的纽带作用和认同功能，指出要使中华民族最基本的文化基因与当代文化相适应、与现代社会相协调，把跨越时空、超越国界、富有永恒魅力、具有当代价值的文化精神弘扬开来。中华文化走出去的步伐不断加大，56处世界遗产向世人展示了全面真实的古代中国和现代中国，中华文化在国际上的亲和力、感召力不断提升。

（四）中华优秀传统文化是中华文明思想结晶的集中体现

在距今大约8000年前，我国各地拉开了文明起源的大幕。随着生产力的发展、社会分化的加速、原始崇拜的产生，距今4300～5100年，我国一些地区相继出现了早期国家，进入了文明社会。距今4000年左右，中华大地上不同地区的文化相互交流、彼此融合，实现了从"满天星斗"到"月明星稀"再到"多元一体"的历史性转变，形成了"最初的中国"。在这一波澜壮阔的历史进程中，我们的祖先不仅告别了穴居野处、茹毛饮血的蛮荒时代，而且推动早期中国社会跨出了从蒙昧走向文明的一大步，奠定了以"天人合一""和而不同""厚德载物""天下为公"等为核心的中华优秀传统文化基因。

在中华文明 5300 多年的历史长河中，中华优秀传统文化不断丰富、不断拓展、不断提升，在农耕文明、游牧文明、海洋文明的相互浸润下持续发展，在与外来文明的双向互动中持续进步，造就了"讲仁爱、重民本、守诚信、崇正义、尚和合、求大同"的中华民族精神特质，铸就了"天行健，君子以自强不息""大学之道，在明明德，在亲民，在止于至善""富贵不能淫，贫贱不能移，威武不能屈"的中华民族精神命脉。

二、中华优秀传统文化是中华民族的根与魂

（一）中华优秀传统文化是中华民族的精神命脉

"求木之长者，必固其根本；欲流之远者，必浚其泉源。"中华优秀传统文化是中华民族的精神命脉，是涵养社会主义核心价值观的重要源泉，也是我们在世界文化激荡中站稳脚跟的坚实根基。增强文化自觉和文化自信，是坚定道路自信、理论自信、制度自信的题中应有之义。那种"以洋为尊""以洋为美""唯洋是从"，把作品在国外获奖作为最高追求，跟在别人后面亦步亦趋、东施效颦，热衷于"去思想化""去价值化""去历史化""去中国化""去主流化"那一套，绝对是没有前途的！事实上，外国人也会跑到我们这里寻找素材、寻找灵感，好莱坞拍摄的《功夫熊猫》《花木兰》等影片不就是取材于我们的文化资源吗？

博大精深的中华文明是中华民族独特的精神标识，是当代中国文艺的根基，也是文艺创新的宝藏。中国文化历来推崇"收百世之阙文，采千载之遗韵"。要挖掘中华优秀传统文化的思想观念、人文精神、道德规范，把艺术创造力和中华文化价值融合起来，把中华美学精神和当代审美追求结合起来，激活中华文化生命力。故步自封、陈陈相因谈不上传承，割断血脉、凭空虚造不能算创新。要把握传承和创新的关系，学古不泥古、破法不悖法，让中华优秀传统文化成为文艺创新的重要源泉。

中华优秀传统文化是中华文明的智慧结晶和精华所在，是中华民族的根和魂，是我们在世界文化激荡中站稳脚跟的根基。

（二）以时代精神激活中华优秀传统文化的生命力

我们要以更大的力度、更实的措施加快建设社会主义文化强国，培育

和践行社会主义核心价值观，推动中华优秀传统文化创造性转化、创新性发展，让中华文明的影响力、凝聚力、感召力更加充分地展示出来。

要坚定文化自信，推动中华优秀传统文化创造性转化、创新性发展，继承革命文化，发展社会主义先进文化，不断铸就中华文化新辉煌，建设社会主义文化强国。

要推动中华优秀传统文化创造性转化、创新性发展，以时代精神激活中华优秀传统文化的生命力。要把坚持马克思主义同弘扬中华优秀传统文化有机结合起来，坚定不移地走中国特色社会主义道路。

中华优秀传统文化蕴含着丰富的思想理念、道德规范、人文精神，积淀着天人合一的宇宙观、仁者爱人的道德观、阴阳交合的发展观、兼容并蓄的文化观、以和为贵的价值观，构成了中华文明绵延不绝、历久弥新的牢固基石。

中华优秀传统文化始终遵循"民本思想"，并在创新发展中逐步走向成熟，确立起以儒家学说为主体的思想体系。历代思想家和政治家主张"民惟邦本，本固邦宁"，把人民视为王朝永续、国家稳固的根基；强调"民贵君轻"，重视理顺统治者与人民大众的关系；倡导"与民忧乐"，追求人民安居乐业、国家繁荣昌盛的"太平盛世"。

中华优秀传统文化始终秉持"大一统"理念。史前文明从多元趋向一体的发展历程，奠定了后世"尚一统、求大同"的思想基础。中华文明虽然历经朝代更迭、屡遭战乱磨难、几经家国分裂，但反对分裂、抵制祸乱、维护统一始终是各民族的共同意愿、共同志向、共同行动。"大一统"理念历经2000多年，以强大的感召力浸润着中华民族的思想，凝聚着中华民族的人心，强化着中华民族的认同，成为中华文明极为宝贵的思想底色和精神品格。

中华优秀传统文化始终彰显开放包容、互学互鉴的内在特质。中华文明从形成伊始就具有浓厚的开放性、包容性，各地区所呈现出的文明样态和文明水平，在很大程度上既取决于不同文明的交流互动，也取决于各区域文明之间的接受度和包容度。黄河中游地区的史前文明以开放的姿态汲取其他区域文明的先进要素，在兼收并蓄中缔造出灿烂文化，成为中华文明形成、发展的中坚力量。我国历代王朝以"天无私覆，地无私载，日月无私照"的胸怀，包容和善待不同文明的有益成分，并将其作用于社会伦理、国家治理、民族交融和对外交往中。在睦邻友好、天下一家观念的引导下，中华各民族在交往、交流、交融中构筑了多元一体的演进格局，中华文明在学习借鉴外来先进文化的同时，为人类文明进步事业作出了重大贡献。历史表明，中华优秀传统文化在开放中成长，在包容中发展，在借鉴中丰富，为中华文明保持旺盛生命力注入了不竭动力。

三、中华优秀传统文化是中华文明屹立于世界之林的根基

中华文明延续着我们国家和民族的精神血脉，既需要薪火相传、代代守护，也需要与时俱进、推陈出新。要加强对中华优秀传统文化的挖掘和阐发，使中华民族最基本的文化基因与当代文化相适应、与现代社会相协调，把跨越时空、超越国界、富有永恒魅力、具有当代价值的文化精神弘扬开来。要推动中华文明创造性转化、创新性发展，激活其生命力，让中华文明同各国人民创造的多彩文明一道，为人类提供正确的精神指引。要围绕我国和世界发展面临的重大问题，着力提出能够体现中国立场、中国智慧、中国价值的理念、主张、方案。我们不仅要让世界知道"舌尖上的中国"，还要让世界知道"学术中的中国""理论中的中国""哲学社会科学中的中国""发展中的中国""开放中的中国""为人类文明作贡献的中国"。

中华文化既是历史的，也是当代的，既是民族的，也是世界的。[①] 只有扎根脚下这块生于斯、长于斯的土地，文艺才能接住地气、增加底气、灌注生气，在世界文化激荡中站稳脚跟。正所谓"落其实者思其树，饮其流者怀其源"。我们要坚持不忘本来、吸收外来、面向未来，在继承中转化，在学习中超越，创作更多体现中华文化精髓、反映中国人审美追求、传播当代中国价值观念、符合世界进步潮流的优秀作品，让我国文艺以鲜明的中国特色、中国风格、中国气派屹立于世界之林。

中华优秀传统文化是中华民族的文化根脉，其蕴含的思想观念、人文精神、道德规范，不仅是我们中国人思想和精神的内核，对解决人类问题也有重要价值。要把优秀传统文化的精神标识提炼出来、展示出来，把优

---

① 张业蕾."立体交互式"大学生社会主义核心价值观教育模式研究［M］.徐州：中国矿业大学出版社，2018.

秀传统文化中具有当代价值、世界意义的文化精髓提炼出来、展示出来。

四、中华优秀传统文化是中华文明的源头活水

中华文明源远流长、博大精深，是中华民族独特的精神标识，是当代中国文化的根基，是维系全世界华人的精神纽带，也是中国文化创新的宝藏。在漫长的历史进程中，中华民族以自强不息的决心和意志，筚路蓝缕，跋山涉水，走过了不同于世界其他文明的发展历程。要深入了解中华文明 5000 多年发展史，把中国文明历史研究引向深入，推动全党、全社会增强历史自觉、坚定文化自信，坚定不移地走中国特色社会主义道路，为全面建设社会主义现代化国家、实现中华民族伟大复兴而团结奋斗。

（一）中华民族是最有理由自信的民族，要牢固树立历史自觉和文化自信

我国具有百万年的人类史、一万年的文化史、5000 多年的文明史，是世界四大文明古国之一，中华民族有着悠久的历史和灿烂的文化，为人类文明进步事业做出了巨大贡献。最新考古成果表明，我国是东方人类的故乡，同非洲并列人类起源的最早之地；北京猿人在 50 万年前就发明了人工用火术，为全球最早之一；早在 1 万年前，我们的先人就种植粟、水稻，农业起源同西亚、北非并列第一；我国在乐器、独木舟、水利设施、天文等方面的发明发现也是全球最早。我国先民在培育农作物、驯化野生动物、寻医问药、观天文察地理、制造工具、创立文字、发现和发明科技、建设村落、建造都市、建构和治理国家、创造和发展文化艺术等各个领域都取得了令人赞叹的成就，这些重大成就是我们增强历史自觉、坚定文化自信的重要源泉和坚强支撑。正如习近平总书记所说，当今世界，要说哪个政党、哪个国家、哪个民族能够自信的话，那中国共产党、中华人民共和国、中华民族是最有理由自信的。源远流长、博大精深的中华文明鼓舞我们，中华民族一定能够创造出更加灿烂的明天，要接续推进人类文明新形态的伟大实践。在漫长的历史进程中，中华民族以自强不息的决心和意志，筚路蓝缕，跋山涉水，创造了璀璨夺目的中华文明。中华文明是世界上唯一自古延续至今、从未中断的文明，在新石器时代、青铜器时代、铁

器时代等各个时代的文明发展成就都走在了世界前列。中国古代农业技术、"四大发明"、漆器、丝绸、瓷器、生铁和制钢技术、郡县制、科举制等在世界文明史上都具有鲜明的独创性。党的十九届六中全会通过的党的第三个历史决议——《中共中央关于党的百年奋斗重大成就和历史经验的决议》指出，"党领导人民成功走出中国式现代化道路，创造了人类文明新形态"。我们党领导人民创造的人类文明新形态，是继历史上诸多文明创造之后，中华民族又一次伟大的文明创造，在人类文明谱系中放射出耀眼的光芒。中华民族创造了具有 5000 多年历史的灿烂文明，也一定能够创造出更加灿烂的明天。站在中华民族永续发展、人类文明永续进步的高度，我们要接续推进人类文明新形态的伟大实践，让当代中华文明不断为人类文明增添新内涵、开辟新境界。

（二）推进文物保护利用和文化遗产保护传承，挖掘文物和文化遗产的多重价值

文物和文化遗产承载着中华民族的基因和血脉，是不可再生、不可替代的中华优秀文明资源。要让更多文物和文化遗产活起来，要积极传播更多承载中华文化、中国精神的价值符号和文化产品。各级领导干部都要重视文物和文化遗产保护传承工作，为历史和考古工作者开展研究、学习深造、研修交流提供更多政策支持。要营造传承中华文明的浓厚社会氛围，广泛宣传中华文明探源工程等研究成果，教育引导群众特别是青少年更好地认识和认同中华文明，增强做中国人的志气、骨气、底气。从中华文明探源工程多年实施的情况看，其巨大成果的取得，都与中华人民共和国建立以来对众多古遗址的保护密不可分。正是由于有了对诸如牛河梁、良渚、石峁、陶寺、二里头、三星堆等一个个古代遗址的不断保护，和考古工作者长年不断地发掘和"青灯黄卷"下的深刻阐释，才能使我们了解到一个又一个埋藏在地下不为人知的重大发现，将一个个不见于文献或文献语焉不详的信息不断清理、记录、阐扬出来，为今人所知，为世人惊叹。我们坚信，在习近平总书记一系列重要指示指引下，实事求是地根据我国各地古文化发展情况，把古遗址保下来，让古遗址存下去，切实加强古遗址保护，应成为深入研究阐释中华文明起源所昭示的中华民族共同体发展路向与中华民族多元一体演进格局，继承和弘扬中华优秀传统文化的重要措施，当然这也是各级地方政府的崇高责任。

（三）一花独放不是春，百花齐放春满园，文化发展要开放包容

文明因交流而多彩，文明因互鉴而丰富。长期以来，中华文明深刻的思想体系、丰富的科技文化艺术成果、独特的制度创造，深刻影响了世界文明进程，展示了我国为人类文明进步做出的突出贡献，展示了中华民族以和为贵的和平性格、海纳百川的包容特质、天下一家的大国气度。丝绸之路的开辟，遣隋使、遣唐使大批来华，法显、玄奘西行取经，郑和七下远洋等，都是中外文明交流互鉴的生动事例。一花独放不是春，百花齐放春满园。如果世界上只有一种花朵，就算这种花朵再美，那也是单调的。世界展现可信、可爱、可敬的中国形象，以宽广的胸怀理解不同文明对价值内涵的认识，尊重不同国家人民对自身发展道路的探索，以文明交流超越文明隔阂，以文明互鉴超越文明冲突，以文明共存超越文明优越，弘扬中华文明中蕴含的全人类共同价值，推动构建人类命运共同体。中国有着5000多年连续发展的文明史，观察历史的中国是观察当代的中国的一个重要体现。不忘本来，方能开辟未来。顺应时代潮流，推动中华文明创造性转化和创新性发展，激活其生命力，把跨越时空、超越国度、富有永恒魅力、具有当代价值的文化精神弘扬开来，让收藏在博物馆里的文物、陈列在广阔大地上的遗产、书写在古籍里的文字都活起来，从而民族复兴和现代化建设就有了深厚的文化滋养，中国人民一定能够不断铸就中华文明新辉煌。

新时代的中华文明探源研究不断增强文明普及的行动自觉和学科能力，要通过高水平的文明探源研究，形成高质量的研究成果，做到"以理服人""以学服人"，积极引导群众特别是青少年更好地认识和认同中华文明，增强做中国人的志气、骨气、底气。要充分利用丰富的历史和文物实证，创新成果转化和知识普及方法，让更多的文物和文化遗产活起来，向世人展示中国精神，传播中国价值，彰显中国力量，增强中华文明的感染力、亲和力和认同感，让世界读懂中国、读懂中国人民、读懂中国共产党、读懂中华民族。

第三章　中华优秀传统文化传承与创新的现实背景和主要问题

第一节　中华优秀传统文化传承与创新的现实背景

随着社会历史的发展，特别是在我国社会转型、全球化发展、社会现代化推进的进程中，中国传统文化面临着许多新的情况和挑战，出现了许多新的特点和新的问题。弘扬中华优秀传统文化，实现中华优秀传统文化传承与创新，需要立足现实的社会历史背景，把握变与不变的经济、文化、社会等种种因素，需要从认同感、机制、载体、效果等多方面剖析当前中华优秀传统文化面临的问题与挑战，从而为实现中华民族伟大复兴中国梦提供坚实的文化支撑。

一、社会主义市场经济背景下的中华优秀传统文化

社会主义市场经济建设不仅是筑牢中国梦的经济基础，也与中华优秀传统文化的创新性发展相互作用。改革开放以来，我国社会面貌发生了显著而深刻的变化，其中重要的一点就在于由计划经济到市场经济的转变。这一转变对中国社会的影响不限于经济领域，还促使思想文化发生了变革，或者说，这一转变本身就蕴含着思想文化变革的因素。同时，市场经济也使社会风气呈现出复杂变化，经济领域的市场化原则渗透到政治和文化领域，出现了一定程度的文化危机、诚信危机、信仰危机等，传统文化的精华遭到忽视，优秀传统文化对于人们思想和社会行为的引领力下降。

（一）中华优秀传统文化与社会主义市场经济的契合

中国古代长期处于以自然经济为主的农业社会，生产力发展水平不高，社会物质财富不能被广大劳动群众所掌握，导致人们为了一己私利而相互争夺。在这一背景下，儒家倡导的"仁"对于规范人们行为，维持社会经济秩序具有重要意义。孔子以"仁"为人生和社会的终极目标，并将这一终极目标衍生为具体的经济生活规范。他主张贵义贱利，把道德作为首要的、优先追求的目标，反对不择手段地聚敛个人财富。同时主张"义以生利"，用道德伦理来规范人们的经济活动，即使是增加社会财富的活动也不能超越道德的边界。在分配的问题上，倡导"均田平赋"原则，设想家家耕种、户户富足的理想社会。这种设想与当时社会生产力的发展水平相适应，客观上对于维护封建社会统治，协调统治阶级和被统治阶级的关系起到了重要作用，不仅为历代封建统治者所推崇，也逐渐为平民大众所认可，"小康""大同"等话语更是作为一种社会理想为民众所熟知。因此，无论是对"仁"的追求或是"义利观"，虽然对规范社会经济活动都具有重要作用，但其用意并不仅仅在于确立某种经济目标、制定某种经济规则，而是有更为深远的社会意义，这种意义体现在与社会主义市场经济的契合中。

中华优秀传统文化以人为本的价值取向契合我国市场经济的社会主义性质。中华优秀传统文化十分重视人的地位。孔子对"仁"这一儒家核心范畴的界定就是"仁者，人也"（《礼记·中庸》）。当他的弟子问他具体如何解释"仁"，他回答"爱人"（《论语·颜渊》）。这就是说，人之所以为人的本质，就是"仁"，而"仁"的核心就是"爱人"。"爱人"首先就是要肯定人的价值，肯定人区别于其他事物的特殊品格。"天地之性，人为贵"，人是世界上最为特殊、最为高贵的，之所以人是最高贵的，是因为"水火有气而无生，草木有生而无知，禽兽有知而无义，人有气有生有知且有义，故最为天下贵"（《荀子·王制》）。人具有山川、草木、禽兽所不具备的各种品格、素养，所以能成为世界的万物之灵。正是因为人是如此的高贵，所以要重视人，重视人在生活上的富足。对于统治者来说，就是要尽可能地使民众避免遭受生活之苦。孔子提出"厚施薄敛"，就是告诫统治者要体恤民众，减轻民众的赋税，改善他们的生活。孟子更进一步提出了"民贵君轻"的思想，建议统治阶级要"施仁政""省刑罚""薄税敛"。荀子为统治阶级提出了改善民生的具体建议，"轻田野之税，平关市之征，省商贾之数，罕兴力役，无夺农时"（《荀子·富国》）等。可见，中华优秀传统文化中蕴含着丰富的以人为本的思想，重视对民众利益的保护。

当然，由于历史和阶级的局限性，上述的"民"或是"人"都有异于今天的含义，其根本用意也是为了维护统治者的利益，"劳心者治人，劳力者治于人"（《孟子·滕文公章句上》）是这一用意集中的展现。但也不可否认，对"民"或"人"利益的重视，与我国的社会主义市场经济建设，特别是与市场经济的社会主义性质具有高度契合性。市场经济遵循商品经济规律和价值规律，特别是在资本主义制度下，以私有制为基础最大限度地获取剩余价值、追求经济收益是市场主体遵循的普遍准则。当前，我国坚持的是公有制为主体，多种所有制经济共同发展的基本经济制度。在公有制为主体的前提下，私有制企业在市场活动中也发挥着重要作用。为了最大限度地发挥市场经济优势，充分释放包括私有制在内的多种所有制形式的力量，在基本经济制度的基础上，我国坚持并不断完善社会主义市场经济体制。如果说坚持市场经济是为了尊重商品经济规律和价值规律，让社会中创造财富的各种源泉充分涌动，那么坚持社会主义，就是这一经济体制的社会主义性质的保证，也是我国社会主义性质的根本保证。因为只有坚持社会主义，才能最大限度地使经济发展的成果为广大群众所共同享有，而不是让社会财富聚集在少数人的手中；只有坚持社会主义，才能为社会公共利益提供最大限度的经济支持；只有坚持社会主义，才能保证事关国计民生的重大领域始终掌握在人民手中，为人民群众服务。当前，一些人不加区别地主张扩大私有制的范围，片面夸大私有制在经济活动中的积极作用，试图模糊市场经济的社会主义性质，弱化公有制的主体地位。长远来看，这种状况不仅不利于社会经济的持续进步，也不利于企业的长期发展，更与我国的社会主义性质相违背。面对当前的情况，中华优秀传统文化为我们提供了答案，坚持以人为本，作为企业要重视员工的利益，爱护员工，团结员工，才能形成和谐的企业文化，激励员工为企业做贡献，形成个人与企业的良性互动；作为一个社会主义国家，只有保证公有制的主体地位，坚持社会主义性质，让人民群众共享发展成果，才能实现社会的和谐稳定，才能为实现中华民族伟大复兴中国梦凝聚力量和达成共识。

中华优秀传统文化的道德规范契合我国社会主义市场经济运行规律。中华优秀传统文化十分重视从道德层面去规范人们的行为。儒家认为，人的行为要合乎规范，这个规范就是"礼"。所谓"非礼勿视，非礼勿听，非礼勿动"（《论语·颜渊》），这里的"礼"不仅是指封建社会的礼法规范，还包括义、诚、信等道德要求。孔子说"君子义以为质，礼以行之，诚以出之，信以成之，君子哉！"（《论语·卫灵公十五》）在儒家文化中，只有道德高尚的人才能被称之为君子，而孔子在这里从义、礼、诚、信等角度对君子的标准做了解答。其中，诚、信是衡量君子这一美名的重要标准。在中华优秀传统文化中，关于诚信的论述俯拾皆是，如"养心莫善于诚""民无信不立""言必信，行必果""与朋友交，言而有信""人而无信，不知其可也"等。诚信既是个人修身养性的根本，也是处理人与人之间关系的准则。

在中国特色社会主义建设的今天，诚信也是市场经济运行的必然要求。在经济运行的过程中，市场主体之间的各种经济行为都需要以诚信为基础，遵循共同的道德规范和法律规制。在现实中，一些不良商家被短期的经济收益所蒙蔽，不惜以失信的方式去换取利益，破坏市场的运行规制，扰乱市场经济秩序，甚至损害人民群众利益，给社会的和谐稳定造成负面影响。从企业的角度来说，如果能够从中华优秀传统文化中汲取营养，坚守诚信底线，就不会发生类似事件。作为政府，在完善法律规范体系的同时，应着眼于社会诚信体系建设，督促市场主体自觉坚持诚信准则，遵循市场经济规律，推进社会主义市场经济建设，为实现中国梦奠定坚实的经济基础。

中华优秀传统文化的精神追求契合社会主义市场经济的主体发展需求。在社会主义市场经济中，个人、集体、国家都能成为经济活动的主体。虽然不同活动主体的发展需要各有差异，但在社会主义市场经济条件下，各经济活动主体的发展需要具有内在一致性。比如，经济活动主体的发展需要具备奋发进取的精神，才能让市场不断焕发生机；经济活动主体的发展需要开拓创新的精神，才能打破旧有的条条框框的局限；经济活动主体的发展需要团结协作的精神，才能在共赢中实现共同发展。而上述发展都需要在中华优秀传统文化中汲取到有益营养。在中华传统文化中，儒家特别强调自强不息的进取精神，在儒学经典古籍《周易》中就有"天行健，君子以自强不息"的记载。孔子以学习举例，谈到学习的奋发精神："我非生而知之者，好古，敏以求之也。"（《论语·述而》）儒家还推崇与时俱进的创新精神，所谓"苟日新，日日新，又日新"（《礼记·大学》）。儒家还从"推己及人"出发，积极倡导"和为贵"的社会关系，提倡"泛爱众"的人际观，这为经济活动主体建立良好的团队关系，正确处理不同主体之间的关系提供了有益借鉴。可见，社会主义市场经济主体的发展需要与中华优秀传统文化的精神追求相契合。这种契合不仅将推动社会主义市场经济的发展，而且将赋予人民大众更多的精神力量，奋发进取的精神、开拓创新的精神、团结协作的精神也正是中国共产党领导人民群众实现中国梦的重要精神支撑。

（二）中华优秀传统文化与市场经济的错位

中华优秀传统文化与社会主义市场经济有诸多契合之处，同时必须认识到，在自然经济基础上形成的传统文化在新科技革命浪潮中、在互联网经济、信息经济的背景下面临着诸多挑战。这些挑战的表现之一，就是中华优秀传统文化与市场经济的错位。客观地说，这种错位是必然的，是基于社会生产力发展而导致的必然结果，是经济基础变革的必然反映。这种错位一方面使得传统文化不得不去面对如何实现现代化的问题，另一方面也需要我们对其进行创新性的改造和创造性的发展。因为只有如此，才能进一步坚定我们的文化自信，才能为实现中华民族伟大复兴中国梦提供坚实的文化支撑。

高扬道德价值与追逐物质利益的错位。中华优秀传统文化十分重视伦理道德的作用，而对物质利益持贬低的态度，强调道德的价值而轻视功利的价值。这种态度反映在义利观上，就是孔子所言："君子喻于义，小人喻于利。"（《论语·里仁》）在孔子看来，为君子者，不仅自身是道德高尚的人，而且是高扬道德价值的人，只有品德低下者才会看中物质利益。这种思想在后世得到不断发展，在义利关系的问题上越加走向极端，道德诉求和物质追求几近成为势不两立的两端，并且物质利益进一步衍演化为人的物质欲望，成为伦理道德的对立面。宋明理学提出的"存天理、灭人欲"把这种对立推向了顶峰。由于儒家文化长期占据主流地位，儒家对待伦理道德和物质利益的态度也成为社会的主流价值取向。对伦理道德的推崇，对物质利益的贬低，阻碍了中国封建社会经济的发展，也抑制了人们追求合理物质利益的积极性。如果说在自然经济的背景下，这种态度还不至于影响社会经济发展大局的话，当近代自然经济被外来者打破，中国不得不开启现代化进程，自然经济不得不向商品经济、市场经济转化的时候，这种态度的负面作用就越来越明显了。在中华人民共和国成立后，在特殊的历史背景下，我国也曾一度否认市场经济的合理作用，也因此在社会主义建设中走了一段弯路。改革开放后，中国逐渐确立起社会主义市场经济体制，并在实践中不断发展完善。社会主义市场经济既要坚持社会主义的性质，也要遵循市场经济的普遍规律。坚持社会主义的性质，根本上需要生产力的发展，只有推动生产力的发展，创造出更多的社会产品满足人民群众的需要，才能显示社会主义优越性。这就要承认人民追求物质利益的合理性，遵循市场经济的普遍规律，最基本的就是商品经济规律和价值规律，这也是以充分尊重人民的物质利益为前提的。当前，我们正在向着全面建成社会主义现代化强国的目标大步迈进，向着实现中华民族伟大复兴的中国梦不断奋进，只有正视人民的物质利益，不断满足人民日益增长的物质需要，才可能不断推进各项事业的发展，保证各项目标的顺利实现。

重农抑商政策与发展商品经济的错位。重农抑商是指注重农业生产活动，抑制商业行为的政策。这项政策在中国封建社会长期存在，并和社会历史条件密切相关。首先，由于生产力水平较低，只有加强农业生产，才能尽可能满足民众生存的基本需要，至于手工业、冶炼业、贸易等领域的受重视程度都不可与农业同日而语。尤其是商业，因其不是直接的生产行业，所以长时间被视作是依靠投机行为获利，从而遭受到抵制与排斥。其次，与自然经济的主导地位直接相关。封建社会长期以自然经济为主，民众日常的生活用品大多能够自给自足，这种状况并不利于商业的发展。再次，封建统治者出于维护统治的需要，重视农业生产发展以保证民众生活的基本需求，尽可能避免民众因为饥荒揭竿而起，威胁到他们的统治，所谓"重商则伤农""伤农则伤本"。传统文化中的"民本"思想也要求统治者重视民众的最基本的生存需求，这都和农业生产直接相关。最后，中国得天独厚的地理条件也为农业的发展奠定了自然基础。因此，多种原因使得重农抑商成为封建社会长期坚持的一项政策。这项政策为维护封建政权和社会稳定发挥了重要作用。但是，随着社会历史条件的变化，特别是生产力的发展，需要打破这项政策对经济发展的阻碍。在世界历史上，资本主义萌芽的发展是由商业的繁荣开始的，中国的自然经济在一定程度上阻碍了资本主义萌芽的发展，使得中国日益落后于时代发展，在这一进程中，重农抑商政策的作用也不容小觑。正是长期以来这项政策的实施，导致人们的思想中形成了商业、商人低下的刻板印象。今天，由于中国仍处于社会主义初级阶段，商品经济在社会中仍是主要的经济形态，在进行社会主义市场经济建设的过程中，需要大力发展商品经济，发挥市场经济的积极作用。显然，这和传统的重农抑商政策不可避免地会有错位。我们无法要求中国的封建社会自发形成发展商品经济的政策，同样不能以自然经济条件下对商业的认识指导今天的市场经济实践。当然，这不是说社会主义市场经济不重视农业生产，而是要以农业为基础，在保证我国粮食安全的前提下，大力发展商品经济，协调各个产业的发展，真正让社会上一切创造财富的源泉充分涌动，为实现中国梦提供物质保证。

长幼尊卑秩序和平等自由观念的错位。传统文化重视个人道德的修为，并由此展开到家庭、国家、天下等层面，所谓"修身齐家治国平天下"。这种由个人道德到国家治理的逻辑推演，在现实社会中的一个表现就是长幼尊卑的秩序。这种秩序既存在于民众的日常生活中，也制约着君臣关系。从积极的层面来看，这促成了如尊老爱幼等中华传统美德的形成，对于和谐人际关系的形成具有促进作用；从消极层面来看，这种秩序预设了人在家庭和社会中的地位及活动规则，不利于平等自由观念的形成。所谓"唯上智与下愚不移""民可使由之，不可使知之"等论述就是例证。进一步将这种秩序极端化，就形成了"三纲五常"等腐朽的封建文化。而无论是市场经济或是商品经济，经济活动的主体都是平等的、自由的，也只有在平等、自由的环境中才能发展市场经济。此外，出于对道德修为的重视，传统文化强调道德教化对人的影响，主张知行合一的道德践履，而市场经济的发展更侧重于法治对市场行为的规范作用。当然，这并不是说中华优秀传统文化就缺乏法治传统，或者说市场经济就无视道德的规制作用，而是说二者各有侧重。无论是在完善社会主义市场经济体制的进程中，还是在实现中华民族伟大复兴中国梦的征程上，道德与法治都是不可或缺的。如何在实践中界定二者的适用边界，以最大限度地发挥二者作用，这需要我们在实践中不断探索。

二、西强东弱文化格局下的中华优秀传统文化

伴随着互联网、移动通信等现代科学技术的迅猛发展，国家、民族和地区之间的文化交流日趋广泛，使文化全球化成为一种客观现实。在文化全球化进程中，西方强势文化的不断渗透冲击，影响了人们的民族忠诚感和国家归属感，使国家文化安全受到挑战，部分民众失去文化自觉、文化自信和文化自强，深受西方思想及其文化标准的影响。

当前西强东弱的文化格局使得中华文化在走向世界的过程中遭遇到严重挑战。西方发达国家凭借其在文化格局中的体系优势、载体优势、产业优势、话语优势，制约了中华文化走向世界；西方发达国家炮制了一系列的文化理论，如"文明冲突论""中国威胁论""中国崩溃论"等，试图为遏制中华文化找到理论支撑；发达国家对内实行文化保护主义政策，在防范外来文化侵袭的同时，竭力向发展中国家输出其文化，特别是价值观；部分邻国的文化渗透活动也对中华文化走向世界提出了新的挑战；在中西文化交流中的文化误读现象，也是实施中华文化走向世界战略过程中不容忽视的问题。

（一）面对西方国家的文化话语优势

西方国家文化话语对中华文化具有强烈冲击。法国思想家福柯在他的《话语的秩序》一书中曾提到"话语即权力"的观点。在文化交流的过程中，话语不仅是沟通的桥梁，更是展示国家文化软实力的重要媒介。从历史上看，西方国家通过工业革命率先走上了现代化的道路，进而凭借其在政治、经济、军事上的优势地位，建立起描绘现代化的话语体系，如自由、民主、人权、GDP、福利社会等。这套话语俨然已经成为评判一个国家现代化程度，乃至文明程度的标准。简言之，沿着西方国家既有的发展道路，才能实现现代化；符合西方现有的话语标准，才能称之为文明国家。这不仅扼杀了世界各国根据本国国情、自主选择发展道路的多种可能

性，更是西方国家话语霸权的集中体现。其中，具有代表性的就是近年来的所谓"普世价值"论。西方社会往往以"民主、法制、自由、人权、平等、博爱"等关键词来标榜自己的合理性，并宣称这一系列关键词适用于世界上的所有国家，以此作为衡量一个国家或民族文化是否进步的标志。针对我国社会发展中出现的问题，西方国家也经常用上述关键词加以指责甚至威胁。其实，问题的实质并不在于人类是否追求民主、自由、平等等文化理想和价值目标，而在于这些关键词的内涵到底是怎样的，有无可能适用一切时代、适应一切民族的文化理想和价值目标。众所周知，早在170年多前，马克思、恩格斯在《共产党宣言》中明确提出对未来社会的构想，指出："代替那存在着阶级和阶级对立的资产阶级旧社会的，将是这样一个联合体，在那里，每个人的自由发展是一切人的自由发展的条件。"这种对自由的追求，是使人摆脱了经济、社会、自然等束缚的最彻底的自由。显然，这和西方国家基于资本主义社会提出的所谓"自由"是有不同内涵的。就我国而言，由于几千年的封建统治，现代意义上的民主、自由、平等、人权等观念在传统文化中确实有所缺失，但这并不能否认传统文化中蕴含着进步思想的萌芽，如"以民为本""民贵君轻""庶民同罪"等。经过对传统文化的创造性转化和创新性发展，当前我国社会形成了"富强、民主、文明、和谐，自由、平等、公正、法治，爱国、敬业、诚信、友善"的社会主义核心价值观，这已经成为全国人民的共同价值追求。当然，对于西方社会而言，他们不会认同马克思主义的自由观，更不会将我国的社会主义核心价值观作为追求目标。

　　长期以来，在西方资本主义话语霸权的主导之下，中华文化难以在国际话语体系中取得应有的地位。伴随着经济全球化、世界多极化、科技信息化和文化多样化的发展，中国在国际社会中的地位越来越重要，在国际事务中拥有了更多的话语权。不可否认，赢得在国际社会的发言权，这是中国主动参与国际事务，遵守现行国际准则，利用现有通行话语，保正国家利益的重要成果。例如，在南海问题、钓鱼岛问题等关乎国家重大利益的问题上，我国在不同的国际场合多次发声，为上述问题的解决赢得了国际舆论的支持。同时要看到，我国在国际政治领域不断赢得话语权的同时，在文化领域特别是在文化交流的过程中，中华文化的话语权还有待进一步提升。西方文化在世界文化格局中依然占据主导地位，中华文化尚未

"破局"。在文化交流的过程中，我们不得不跟随西方话语的脚步，遵循西方话语的规则。如果说，改革开放之初，为了打开国门，参与国际事务，发展国际贸易，便于文化交流，我们去主动适应西方话语规则，追随西方话语脚步是一种不得已的抉择，那么经过40多年的发展，当我国已经成为世界第二大经济体、第一大工业国、第一大货物贸易国、第一大外汇储备国，在此背景下，以中华文化为要素，寻求话语突破，重塑话语规则，打破西方话语垄断，就成为一种必然的选择。

（二）面对西方国家的文化产业优势

西方国家借助发达的文化产业，输出其价值观和文化理念。与农业、制造业等传统产业不同，文化产业在生产文化产品的同时，也在向消费者直接传递着价值观和文化理念。一直以来，人们常常用"润物细无声"来形容文化产品对消费者的影响。这种潜移默化的影响看似微弱，实则深远。特别是近年来，随着信息技术的发展和应用，文化产业呈现出多样化、数字化、互动化、融媒体化等趋势。这些趋势进一步强化了文化产业对价值观和文化理念的输出，使人们在不知不觉中，在与现代科技的接触中，不自觉地接受其背后的文化作用。以大众广为接受的电影产业为例，美国好莱坞大片在世界电影市场上占有举足轻重的地位。多年以来，美国不仅凭借电影产业在世界范围内赚得盆满钵满，并且向世界输出着本国的价值观和文化理念。当《星际穿越》《速度与激情》《美国队长》《复仇者联盟》《超凡蜘蛛侠》等一部部大片上映的时候，人们在体会好莱坞电影产业不凡实力的同时，在无形中接受着英雄主义、美国是世界霸主等观念的灌输。正是由于电影产业在文化输出中的重要作用，所以西方国家一直高度重视其发展，将其视为对外宣传的重要阵地。中国电影产业虽然从市场层面来看已有了长足进步和发展，但是真正能够产生国际影响力的产品并不多见，这也在一定程度上制约了中华文化借助电影产业走出去的步伐。

西方国家借助文化产业强势地位，冲击着中华文化。西方国家在借助文化产业优势，对外输出价值观和文化理念时，也在冲击着不发达国家的民族文化，具体表现为以西方文化作为人类文化发展的理想模式，以西方标准来衡量、剪裁、塑造他国文化，否认他国文化的民族特征。世界各个国家和民族都有其独有的本土文化或民族文化。面对西方文化的入侵,本土文化或民族文化也会进行抵制或斗争。对于大多数不发达国家而言,文化产业的发展程度处于弱势地位,面对西方文化产业的强势进攻,文化产业先天不足的状态使其难以对西方文化形成有力回击。西方文化产业会有效利用其产业发展的既有经验和优势技术,迅速捕捉他国民族文化中的有益因子,经过一系列的包装和改造,赋予其西方文化的内核,打造成新的文化产品,占领文化传播阵地,冲击人们对民族文化的既有认知。例如,中华文化中的熊猫形象,经过美国电影产业的重新打造,成了功夫熊猫的形象,并在世界范围广为传播;中华文化中的《木兰从军》《西游记》等故事、传说,也被改造为带有西方文化特征的影视作品。上述影视作品中的素材都源于中华文化,但当人们去接受这些文化产品的时候,却很难分清哪些是中华文化的内容,哪些是西方文化的因素。对于很多国家的受众而言,熊猫、花木兰、西游记等文化符号原本是属于中国还是属于美国,似乎也不再重要了,他们接受的只是美国电影产业的产品。这无疑会弱化甚至消解人们对本土文化或民族文化的认同感,无论是对国内文化产业的发展,还是对中华文化走出去策略都具有不可忽视的负面影响。

中华文化在世界范围内还未成为主流。从国际范围来看,西方发达国家主导的文化依然占据主导地位,经过多年来的对外文化传播工作,中华文化在国际上的地位和影响力不断提升,但尚未形成主流,文化产业发展任重道远。从文化贸易量来看,目前西方发达国家依然主导着国际文化市场,我国的文化贸易逆差形势依然严峻。从亚洲范围来看,日韩等国的文化产业对我国文化产业的冲击也很强烈。中日韩在总体上都属于儒家文化圈,但日韩的文化产业起步早,发展快,特点鲜明,规模优势显著。例如,韩国的流行音乐、电视剧等已经成为其文化产业的标签。日本则将动漫作为文化产业的主打产品,其影响力已经遍布全球,机器猫、柯南、海贼王等动漫形象更是深入人心,特别是被世界各国青少年接受,成为一代人甚至几代人的共同记忆。中国文化产业因为起步较晚,创造出的在国际上产生巨大影响、进入主流文化领域的作品并不多,文化产业的发展程度和规模与西方发达国家和邻国日韩相比,尚存在一定差距。

(三)面对西方国家的文化载体优势

软实力的对外传播需要特定的文化载体。当今世界,除了传统的报刊、图书、电视、广播、电影等媒介,以科技、信息、网络为代表的新兴媒体正在成为不容忽视的文化载体,同时语言作为人们日常交流的工具发挥着文化载体的职能。无论是传统媒介、新兴媒体或者日常语言,都成为西方发达国家文化软实力传播的利器。

西方发达国家具有传统载体优势。在西方发达国家的文化传播格局中,传统的图书、报刊、电视、广播、电影等媒介,依然是重要的传播载体。发达国家凭借其传统传播领域的既有优势,继续强化其文化霸主地位。

西方发达国家具有新兴载体优势。随着现代信息技术的发展,以网络为代表的新兴媒介迅猛发展,并日益成为文化传播的重要载体。相较于传统载体,信息化平台传播的速度更快,基于信息技术的支持,信息化平台以几何式的速度传播,这种传播速度是传统媒介不可比拟的。信息平台的传播范围更广,当今世界已经被互联网连接为一个密不可分的整体。从技术上讲,网络信息可以传播到世界的每一个角落。信息平台受到的管制较小,传统载体往往受到相关政策的规制,而新兴载体因其传播速度快、范围广,目前对网络信息的管理还难以形成立体、全面、有效的监管体系。正因如此,新兴载体传播的自由度更强。由于现代信息技术勃兴于西方发达国家,这使得发达国家率先占领了技术高地,搭建了众多的信息化传播平台。借助这些新兴的载体和平台,西方发达国家进一步提高了其文化产品的吸引力,在全球范围内形成了对他国文化特别是不发达国家文化的巨大冲击。

西方发达国家具有语言载体优势。语言既是个体表达自身思想的重要工具,也是群体之间沟通和交流的重要渠道,更是国家软实力传播的重要载体。在当今的国际社会中,英语、法语、德语等是国际交流的主要用语,也是世界各国对外文化传播的重要媒介。汉语的使用人数虽然居世界首位,但其在国际社会中的普及程度还无法与英语相抗衡。英语是国际社会中使用范围最为广泛的语言,包括中国在内的许多国家都在本国的教育体系中将英语作为首选的外语。值得注意的是,由于美国在国际社会中的强势地位,美式英语比英式英语更能在很多国家和地区中占据传播的优势。在美国的一些影视作品中,时常出现戏谑发音"英国腔"的桥段。隐藏在这些影视作品桥段背后的,是美国在借助语言载体隐晦地对外宣扬其软实力。

(四) 面对西方国家的文化体系优势

西方国家以自己的国家利益为原则，构建了一个旨在维护本国利益的对外传播体系，并在这一体系中占据核心地位。西方国家凭借其在文化传播体系中的核心地位，借助各种类型的文化产品，将本国的社会制度、道德标准、价值理念、生活方式等传播到世界各地，特别是那些不发达国家。而不发达国家由于在国际文化传播体系中处于非核心甚至边缘位置，其对外传播的信息往往不得不接受西方国家的"过滤"和"把关"。只有那些符合西方国家价值标准和道德认知的文化产品，才可能在国际社会上得以传播。一旦西方国家对不发达国家形成了认知上的偏见，那么无论不发达国家文化产品的真实性、客观性如何，都会在国际文化传播体系中遭到控制和打压。而当这种"把关"人（群体）的数量越多，层次越复杂，所造成偏见的叠加就会越深。可以看出，西方国家是根据自己的认知和喜好，对国际文化传播体系中的产品与信息进行重组，以在对外传播的过程中使受众更容易接受符合西方标准的文化产品。所以说，西方国家传递给世界的每一条信息都在预设的传播框架之内。具体而言，为证明自己的观点，西方国家往往引用大量具有倾向性的新闻和评论，对于符合其价值目标、道德标准、政治倾向的人，西方媒体会对他们进行采访，支持他们出版书籍、发表文章。这些人可能是固守西方文化的学者、教授、新闻人，也可能是来自不发达国家或者不同政治倾向国家的作家、文化人士等。无论作者的国籍如何，只要其作品符合西方的价值标准，其作品就会在国际社会得到认可。反之，即使是制作精良的文化产品，如果其价值标准与西方标准不符，或者其传递的文化信息不同于西方的传统认知，在文化传播体系中也将难以占到优势。早在20世纪，一些对中国经济、文化落后状况进行描绘的文学、艺术作品，往往能够在国际文化舞台上大肆传播，甚至斩获奖项；而近年来我国精心制作拍摄的纪录片《舌尖上的中国》，主要向世界传递的是中国独特的饮食文化，却在一些西方国家的标准之下，被看作是中国对外意识形态输出的产品，从而在国际社会传播过程中遭到不公正的待遇和评价。这充分证明了在西方国家掌控下的文化传播体系对中国的双重标准和文化偏见。

国际文化传播体系本应是世界各国文化交流的平台，但在西方国家的把控之下，正日益成为其推行文化霸权的工具；各国文化之间的互动，也逐渐演变为西方文化单向传播，甚至吞噬其他文化的过程。一方面，西方国家凭借其在经济、科技等方面的优势，构建起现今文化传播的体系，确立了其核心地位；另一方面，西方国家借此控制着国际文化信息传播的方向，进而巩固着这一严重失衡的文化传播体系。对我国而言，实现中华文化走出去的战略，客观上要求积极参与构建更为平衡的国际文化传播体系，打破西方国家在体系中的垄断地位，促进多样文化之间的交流、互动与沟通，让各国文化都能够在体系中得到充分展现的机会。

三、中国社会现代转型中的中华优秀传统文化

近代以来，我国优秀传统文化基本上呈现断层的态势，出现了大量的反传统文化的思潮和观点，如全盘西化说等，这使人们的思维方式、价值倾向、道德规范、生活习惯和审美情趣发生了重大的转变，传统文化也遭遇到很大冲击。中西方文化的论争背后，反映的是近代中国从一个以自然经济为主的落后农业国，向以商品经济为主的现代工业国的转型过程。在这一转型过程中，中华优秀传统文化也要实现向现代化的转化。

（一）中西文化论争中的中华优秀传统文化

1840年鸦片战争后，中国各种社会力量都在苦苦探求民族独立和解放之路。在文化领域，近代以来中国传统文化多次遭受冲击，导致了对中华传统文化的认同危机。对于当时的国人来说，如果对中华传统文化不认同，那就意味着要寻求一种新的文化来代替。显然，伴随西方坚船利炮而来的西方文化强势地进入了国人的视野。既然西方能够打开古老中国的大门，那么西方的文化也必然有其可取之处。向西方学习，学习西方文化就成为当时国人的首要选择。随之而来的问题是，如果学习西方文化，那么如何处理它与中华传统文化的关系。不同的派别有各自的回答，由此形成了近代中国文化的论争。

中体西用说。西方文明给国人的感觉首先是船坚炮利，技术上的显著差距使人们首先想到要学习西方的技艺，这就是魏源提出的"师夷长技以

制夷"的主张。简言之，既然西方的技艺优于我们，那么我们就学习西方的技艺，而在文化层面上，魏源认为不必学习西方。此后，冯桂芬提出了"中体西用"的主张，郑观应也倡导中学为本，西学为末。可以看出，此时中国的士大夫阶层对中华传统文化整体上是持肯定态度的，西学固然可以学，但不可以动摇中华传统文化这一根本，西学只是起到辅助的作用。考虑到当时的境遇，这种对中华传统文化的认知，更像是士大夫阶层对外来侵略的一种文化上的自觉抵制，或者说是对中华传统文化的一种自觉的坚守。器物层面的坚守已不可能，倘若再将几千年传承的文化拱手让于西方，作为士大夫阶层是不能接受的。但这种坚守很快就遭遇到现实的挑战：洋务运动和维新运动先后失败，清朝在甲午战争中惨败给明治维新后的日本。现实似乎在向世人证明，中体西用说并不能改变中国贫弱的现状，中华传统文化也似乎无力担负起复兴的重任。中国知识分子再次寻求新的文化出路。

全盘西化说。当近代中国的知识分子看到"中体西用"并未能改变中国命运的时候，他们开始了对中华传统文化更为猛烈的批判。梁启超提出了"新民"理论。他提出应该按照"新民"塑造新的国民性，如自由、自治、权利、义务等。梁启超提出的所谓的国民性，无论是从其内涵还是其话语表达，都是西式的，是源自西方文化的。所谓的"新民"，就是按照西方文化标志去塑造新的中国国民。这是对中华传统文化的放弃，新化实质上也就是西化。陈独秀也提出了类似的主张，他认为必须彻底改造中国传统社会，否定中国传统文化，学习西方文化，才能真正拥抱"德先生"和"赛先生"，走向民主和科学。1929年胡适在《中国今日的文化冲突》一文中提出"全盘西化"一词，认为："我们必须承认我们自己百事不如人"，应"死心塌地地去学人家"。1934年陈序经在《中国文化的出路》一书中指出："我们的唯一办法，是全盘接受西化。"当然，所谓全盘西化是近代中国知识分子一种无奈的选择，实际上是不必要的，也是不可能的。即使提出全盘西化的胡适本人也没有对中华传统文化采取绝对的否定态度。相反，他提出的"整理国故、再造文明"的主张，对国人重新认识中华传统文化发挥了重要作用。在陈独秀、胡适等人看来，之所以提出全盘西化，是因为中华传统文化在面对外来文化侵袭时，会有一种本能的惰性，更鉴于"取法乎上，仅得其中"的方法论传统，出于"矫枉必须过正"的目的。

无论是出于何种目的，相对于中体西用说，全盘西化说对于中华优秀传统文化的"杀伤力"无疑更大，影响也更深远。这直接导致了人们对中华传统文化产生了负面认知。时至今日，也还有人坚持全盘西化的论调，当然这种论调和陈独秀、胡适等人的全盘西化说是大异其趣的，但当谈到全盘西化说的时候，谈到对中华传统文化的冲击时，必然会追溯近代中国历史上的这一论争。今天，要实现中华民族伟大复兴的中国梦，需要自觉坚定中国特色社会主义的文化自信，而要坚定文化自信，需要处理好中华优秀传统文化和西方文化的关系，特别是要让中华优秀传统文化再次获得人们的普遍认同。

（二）新旧文化论争中的中华优秀传统文化

中西方文化的论争经过一番发展，逐渐演化为新旧文化论争。"新"主要是指以"德先生""赛先生"为代表的西方文化；"旧"主要是指传统文化。可以看出，新旧文化之争实际上是中西文化论争的延续，中西文化之争主要是在空间维度上对两种文化的比较，新旧文化则主要是以时间为轴，对两种文化的比较。这种从空间到时间的转变，也意味着人们开始关注中国社会的现代化转型问题。

在中西方文化论争中，无论是中体西用说，还是全盘西化说，或是最顽固的文化保守主义者，都承认一个事实，那就是西方在技术或者文化方面要优于我们，我们必须要向西方学习，各个派别的差异主要在于学习什么，学到什么程度。在现实当中，军事上的失败、经济上的瓦解、文化上的侵袭，更使得广大知识分子认识到，中国与西方的差距已经不是能用空间来说明的了，而是时间上的差异，是社会发展不同阶段的差异。中国已经远远落后于西方社会发展的步伐。因此，西方的文化是代表中国未来发展前途的文化，是新文化，而当时中国的传统文化是代表着过去的、旧的文化。既然中西文化之争已经变为新旧文化之差，那么自然地，要实现国家的独立、民族的复兴，就需要放弃旧文化，学习新文化。如此，传统文化在当时中国的境遇就越加惨淡。如果说，中西文化之争还为传统文化的辩驳留有一丝空间，那么新旧文化的论争则断绝了这种可能。作为新事物，是代表未来发展前途的，是具有生命力的；旧事物则必定是将要被淘汰的，是失去存在的必然性和合理性的。面对这种态势，中华传统文化必须创造性地发展，伴随中国社会的现代化转型而实现中华传统文化的现代转化。

（三）中华优秀传统文化的现代转化

中华优秀传统文化的现代转化是社会现代化的题中之意，也是社会现代化的必然结果。进入 20 世纪以来，现代化成为中国社会的主题。特别是在近三四十年的时间里，经过跨越式的快速发展，中国社会经过了西方发达国家几百年的发展进程，迅速实现了由农耕社会和传统社会向工业社会和现代社会的转变，中国社会的政治、经济面貌和人们的生活方式、价值观念发生了翻天覆地的变化。这种巨大的社会转型和历史变迁，必然会对中国社会文化产生巨大的冲击和影响，同时，必然带来中国传统文化的现代化转型和现代转化。社会现代化客观上造成了中国传统文化与现代社会政治、经济、文化和现代生活方式的冲突。社会的现代化是伴随着全球化、市场化和城市化一起出现的，现代化、全球化、市场化、城市化多元融合，相互交织，推动了人们生产方式、交往方式和生活方式的急剧变化，进而导致整个社会文化和人们的价值观念处于不断的变革、碰撞、冲突和整合中，甚至在一定程度上引发了社会层面的某种文化困惑和价值迷失。中国现代社会政治、经济和现代生活方式的急剧变革，一方面，要求人们的思维方式和文化价值观念快速变革以适应这一历史巨变，另一方面，社会的急剧变革也给人们带来了社会文化价值观念的无所适从，冲击着人们的社会共识，导致社会文化价值观念的不适应和不安全感。中国传统文化何去何从，同样成为整个社会关注的焦点和热点。

文明特别是思想文化是一个国家、一个民族的灵魂。思想文化是一个国家和民族的立国之本，任何国家和民族都必须珍惜自己的思想文化。如果丢掉了思想文化这个灵魂，这个国家、这个民族就失去了发展的根基。优秀传统文化是一个国家、一个民族传承和发展的根本，如果丢掉了，就割断了精神命脉。中华优秀传统文化在中国社会的发展历程中，发挥着不可估量的重要作用。中华优秀传统文化就是我们中华民族的"根"和"魂"。抛弃中华优秀传统文化，就等于丢掉了我们的"根"和"魂"，就意味着割断了自己的精神命脉，抹杀了自己的民族精神。只有坚定中华民族文化精神的自觉性和主体性，面对现代社会政治、经济变革和现代生活方式的急剧变化，面对现代文化和后现代文化的冲击时，我们才能保持清醒和自信。

我们要坚信，中国能够形成具有自身特色的、适应现代社会政治经济和现代生活方式变革的文化观念和价值理念。在对待优秀传统文化时，要立足中国的历史，从当代中国现实发展的国情和世界发展大势出发，坚持更为自觉、主动、平实、开放的文化心态，广泛吸纳不同形态的丰富文化资源。要增强民族文化观念的主体性，坚定文化自觉和文化自信，既要摒弃文化自卑，又要避免扮演作壁上观的旁观者角色。在现代化的进程中，要坚决摒弃在对待优秀传统文化时出现的文化虚无主义和文化复古主义。中华优秀传统文化的现代转化，必须时刻以中国社会的改革开放和现代化建设为依据，全面服务于中国的改革发展，服务于社会主义现代化建设和中华民族伟大复兴。

党的十九大报告指出："经过长期努力，中国特色社会主义进入了新时代，这是我国发展新的历史方位。"中国特色社会主义进入新时代，也标志着我国的社会主义现代化进入了关键时期。作为我国社会主义现代化建设全局中的重要方面，文化现代化特别是中华优秀传统文化的现代化问题成为当前一个至关重要的问题。中华优秀传统文化是中华民族实现伟大复兴的精神支柱和不竭动力，中华优秀传统文化的现代化对于当前我国文化软实力建设和文化繁荣发展具有重大意义。在新时代的关键节点上，实现中华优秀传统文化的现代化，必须深入挖掘中国传统文化的内在精髓，采取辩证否定的态度，科学区分其精华和糟粕，在批判中继承，在继承中创新，真正做到取其精华，去其糟粕，激发其在新时代的新活力。必须与马克思主义中国化结合起来，在马克思主义的指导下，在传统文化与马克思主义的有机结合中，实现中华优秀传统文化的现代化转型。实现中华优秀传统文化的现代化，还要注重传统文化与外来文化之间的互动交流和综合创新。封闭的文化不仅不能适应时代发展的需要，更谈不上发展和创新。只有积极借鉴和吸收其他文化的优秀成果，才能在创新和发展中充分展示出中华优秀传统文化的当代价值，并充分发挥其在中国特色社会主义建设中的重要作用。

第二节 中华优秀传统文化传承与创新中存在的主要问题

一、各种外来思想文化对中国传统文化的冲击

在世界多极化、经济全球化和实行社会主义市场经济的背景下，面对各种文化互相交织、相互激荡的局面，以仁爱、孝悌、忠信、和平、谦恭、中庸、因循、团聚、勤俭、自强等为美德且统治了中华民族几千年的儒家传统思想，民间道义和祖祖辈辈沉淀的文化素质饱受外来文化的冲击和影响。

从传承发展的主体来看，政府包揽过多、社会参与度低、协同不够。人民是历史的创造者，也是文化传承的主体。要使新时代中华优秀传统文化得以传承和发展，必须充分激发14亿多中国人民的主观能动性。现实情况是政府主体大量包揽优秀传统文化传承事务，但效果却不尽如人意，优秀传统文化传承发展乱象犹存。政府不同部门之间也尚未捋清对中华优秀传统文化传承发展的责任划分，导致一些部门不作为、乱作为；文化领域相关企业参与度还有较大的提升空间，没有充分意识到优秀传统文化传承保护与文化事业、企业发展之间的相关性，没有看到其中的机遇。加之，政策激励有限，导致企业缺乏积极性，创新意识不足，出现过度商业化、市场化、"三俗"的文化产品；随着文化发展越来越多元，一些民众对于中华优秀传统文化也缺乏正确认知，他们主动参与传承与创新过程的意识不足。此外，各主体在传承发展传统文化的时候，缺乏同其他主体协同配合的意识，往往是各行其是，影响了传承的效果。

从传承的客体来看，文化自觉和文化认同不足。在与世界文化的交流学习过程中，开放的态度一方面使得中华优秀传统文化得以走向世界，实现自身的发展；另一方面又使得一些年轻人受到了西方文化的影响，对西方文化过于推崇。例如，美国等西方国家基于本国雄厚的经济与科技实力，借助于美国大片等形式，对中国观众进行意识形态渗透。这些年轻人

在强烈的文化冲击之下，对西方文化和礼仪表现得极为认同，认为西方的月亮比中国的圆。圣诞节、万圣节等洋节也在中国大行其道，吃西餐成为不少人追求的一种生活方式。与之相对应的是，我们的传统节日和风俗却被束之高阁，被不少人认为没有存在的价值和吸引力，是过时的。而这仅仅是文化自信和文化自觉受到冲击的一个缩影。中华优秀传统文化如果没有实现与社会发展要求的同步，再加上西方文化的强势冲击，就必然产生认同危机。

从传承的内容来看，对与时代要求紧密结合的内容发掘和阐释不到位。文化由经济和政治决定，并且要为政治服务。文化也只有顺应经济和政治的变迁，反映时代要求，方能保持活力。进入新时代，中华优秀传统文化不应静止地停留在过去，而是要"活起来"，与时代同频共振，在薪火相传中推陈出新。看不到优秀传统文化所蕴含的社会主义因素，就必然会把传统和落后等同起来，把传统和现代截然对立起来，陷入形而上学的窠臼。传承和发展中华优秀传统文化，不是说要搞复古主义，更不是对传统文化照单全收。中华优秀传统文化与中华传统文化并不是完全相同的概念。传统文化中包含了优秀传统文化，这些思想精髓直到今天仍能指导我们正确开展实践活动。但我们也要承认传统文化中存在的一些观念已经不符合当下客观实际的需要，需要与时俱进地对传统文化内涵进行再次挖掘。

从传承的方式和手段来看，方式和手段相对单一且滞后。互联网、新媒体因简单的操作方式、较高的传播自由度和较大的影响力，在近些年来得到迅速推广，同时成为意识形态传播的重要场域。在这一背景下，把新媒体、互联网等新兴技术与中华优秀传统文化传承结合起来，体现出重要价值。传统的传承发展方式主要依靠官方渠道通过书本和广播等形式开展，方式和手段单一，边际效率也越来越低。虽然一些主管部门已经开始尝试各种新的方式，但从量和质的角度来说，目前我们在推进优秀传统文化传承发展方式的创新上的探索是不够的，内容吸引力还有待提升，交互体验感也不足，还处于比较粗浅的阶段。

从传承的保障系统来看，机制和制度保障不力。新时代中华优秀传统文化的传承和发展需要有制度和机制作为保障。制度是为了规范和激励传承发展过程中各相关主体的行为，保障中华优秀传统文化能够在法律规范和政策支持下实现良性发展。而机制则强调在推动中华优秀传统文化传承发展的过程中，要实现部门和机构的良好配合。当前我们相关法律法规政策不完善，难以为传承保护中华优秀传统文化各项工作提供强有力的支持。尽管我国在立法方面已经比较完善，但具体到中华优秀传统文化这一特定领域，则显得并不完备，法制的保障作用有限。政策方面，依旧需要进一步补充和细化，激励作用尚有挖掘空间。另外，由于目前尚未建立起统一的管理体制，部门各自为政、协同配合难、职责权限划分不清等问题尚存。此外，专业人才缺乏，也是影响中华优秀传统文化传承与创新的掣肘因素之一。

二、对中华优秀传统文化的认同感有待增强

在认识上，没有充分认识我国优秀传统文化的内在精髓和时代意义，对于优秀传统文化的定位还不够科学与准确，这是制约优秀传统文化创新发展的前提性因素。对中华优秀传统文化的认同感有待增强。"文化认同"是人们在一个民族共同体中长期共同生活所形成的对本民族最有意义的事物的肯定性体认，其核心是对一个民族的基本价值的认同，是凝聚民族共同体的精神纽带，是民族共同体生命延续的精神基础。中国特色社会主义文化源自中华民族 5000 多年文明历史所孕育的中华优秀传统文化，熔铸于党领导人民在革命、建设、改革中创造的革命文化和社会主义先进文化，植根于中国特色社会主义伟大实践。对中华优秀传统文化认同感的缺失主要源于对中国传统文化的认识还不够清晰。要讲清楚中华优秀传统文化的历史渊源、发展脉络、基本走向，讲清楚中华文化的独特创造、价值理念、鲜明特色，增强文化自信和价值观自信。那么，究竟弘扬中华传统文化的什么？第一，需进一步认清中华传统文化中的糟粕。中华传统文化既有值得弘扬和继承的文化传统，也有不合理、不科学、缺乏生命力和内涵价值的传统文化，要抛弃那些形而上学的传统文化，避免那些孤立、静止、过时的中国传统文化，对那些封建、愚昧、迷信的传统文化，以及落后的社会陋习和生活风俗，应立即将其从中华传统文化中剥离和抛弃，予以淘汰和剔除。随着世情、国情、社情发生深刻变化，社会进入转型升级期，时代不断发展，社会不断发展，中华传统文化中有的已经失去了现代

价值，失去了吸引力和感召力，丧失了古为今用、推陈出新的能力。任何传统文化，只有经过时代化才能真正为今人所用，才能具有不竭活力。否则，只是一堆故纸，束之高阁，一派陈词，无人问津。第二，精华文化与糟粕文化的辨别能力有待提升。中华优秀传统文化中既有民主性的精华，又有封建性的糟粕；既有积极、进步、革新的一面，又有消极、保守、落后的一面。而且在有些情况下，精华和糟粕又互相结合，良莠不齐，瑕瑜互见。但是我们有些人对待中华优秀传统文化的态度要么是全盘肯定，要么就是绝对否定，文化思维走向极端。对什么是糟粕的中华传统文化，什么是优秀的传统文化，分不清、辨不明。马克思主义这一革命无产阶级的思想体系赢得了世界历史性的意义，是因为它并没有抛弃资产阶级时代最宝贵的成就。相反，却吸收和改造了2000多年来人类思想和文化发展中一切有价值的东西。我们必须反对在实践中原封不动地照搬照抄、不加取舍地全盘接受，必须认真鉴别我们的传统文化，有选择地继承和弘扬，注重结合新时代的变化和发展而不断加以改造、提炼、加工、创新，让中华传统文化既有传承又有创新发展。

三、弘扬中华优秀传统文化的机制有待完善

在运行机制上，还没有探索出卓有成效的传统文化的弘扬机制，制约了优秀传统文化的实效性，这是制约优秀传统文化发展的关键性因素。在制度上，没有在弘扬优秀传统文化方面形成社会层面的制度保障，在我国整体文化制度方面缺少对优秀传统文化的顶层设计，这是制约优秀传统文化发展的根本性因素。

（一）我国文化管理体制改革有待深入

我国文化管理体制落后于我国市场经济的发展，与新时代的社会文化发展还不能完全适应。首先，文化管理体制的管理分类仍需改革。我国政府相关机构是按照文化艺术、广播电影电视和新闻出版来分类管理的，分别归属文化和旅游部和国家广播电视总局，各部门之间的协调合作难度很大。就文化艺术行业来说，实际上又分出文学、艺术、演出业三个部门。文化和旅游部主要负责演出业，文学和艺术分别由中国作家协会、中国文

学艺术界联合会这两个社会组织代行政府管理职能。除此之外，还有党的机构——中宣部。上述政府机构归国务院管理，但实际上是中宣部实施对上述政府机构的管理。分业管理使本来相互联系的文化行业"九龙治水""政出多门"，无法实现文化资源整合利用。网络媒体出现后，不同文化行业之间的界线日益模糊，这给分业管理带来了更大的挑战。其次，按照行政级别配置文化资源。例如，我国电视台、电台就是按照行政级别来设置的，目前我国电视台、电台实行的是四级办台体制，基本上中央、省、市、县都有电视台和电台。再次，文化管理政事不分和政企不分问题突出。实行管办分离就是文化体制改革的一个重要内容。过去很长时间里我国文化管理部门存在严重的政事不分、政企不分的问题，如许多地方广电局局长也是电视台台长，新闻出版局局长兼任出版社社长。这种既是国家公务员又是企业经营者的情况，既给文化经营带来了弊端，也带来了监督缺失。最后，行业垄断经营。我国广电系统大都有自己的节目制作机构。制播合一，造成节目生产和播出受内部人员控制，不利于文化产品生产的社会化。地区垄断，跨地区经营受到限制、文化市场条块分割严重，使我国至今没有形成充分竞争的文化市场，文化资源和生产要素无法得到优化配置。

我国文化体制改革"上热下冷"现象突出。受以前计划经济的影响，长期以来，我国文化体制改革习惯于"自上而下"的改革模式，这一模式在具体实施的过程中，经常会遭遇"上有政策，下有对策""为改革而改革"的尴尬局面。这一现象同样表现在对待传统文化上。政府部门期望通过改革推动传统文化的传承和保护，推动文化的大发展、大繁荣。由政府部门主导的强制性改革，其优势是高效率，但是，必须引起注意的是，这一文化改革模式成本高、周期长，产生的震荡大。同时，在凝聚社会共识方面也存在十分突出的问题，经常会使改革中的利益受损者采用各种各样的方式和手段来抗拒改革。例如，在改革中某些人员身份的改变，基于各种实际困难，必然引起这些人员情绪上的剧烈反应，较高的体制改革成本带来资金缺乏和运转困难等问题，因而形成实质性的改革阻力。也正因此，在体制改革的实际操作过程中，有些部门仅仅完成了"换牌"动作，利用内部机制的转换替代管理体制的变革，至于在单位人事任免、经费来源、经营和管理职能，以及整个组织管理体制和机制上，并未做出任何实质性的改变。这一做法，不过是通过建立一种新的、外在的、形式上的"壳"，变相规避转制，严重背离了文化体制改革的初衷。事实证明，单单依靠政府部门行政力量的强制推动，只能形成短期效应。文化事业改革的根本出路还是要根据市场的需要和人民群众多样化的文化需求，结合地方文化建设和改革实际，充分调动基层单位和职工共同的积极性。因此，进一步思考在深化文化体制改革过程中的动力机制问题，探索建立一种自下而上的文化需求反馈和自上而下的文化政策保障相结合的联动机制，就显得尤为迫切和必要了。

前期文化体制改革中形成的既得利益阶层成为深化改革的阻力。同经济体制改革、政治体制改革和社会体制改革一样，文化体制改革也是整个社会群体利益结构的大调整，必然要改变那些落后于时代发展的、不合理的利益关系格局，必然涉及因为文化权利变更而带来的文化利益的重新分配。所以，当一些地区、部门、群体和个人的既得利益受到威胁时，掌握文化权利、处于强势地位的人，必然不会妥协且自动放弃既得利益，而是要竭力维护和坚守现有的利益格局。我国前期政府主导的文化体制改革模式，不容置疑，对推动我国传统文化的传承保护和创新发展，推动我国文化大发展大繁荣起到了一定的积极作用，但在运行过程中，不可避免地形成了一定的既得利益群体，他们成了当前文化体制进一步深化改革的阻力。在不同地区、不同部门、不同群体和个人之间形成错综复杂的利益关系。这些利益关系由于改革的不断深入，必然会出现冲突，延误改革的步伐，甚至有可能会引发社会冲突，影响社会政治稳定和社会和谐发展。例如，国有文化企业的改革就是典型的例子。国有文化企业的集团化多是通过行政指令的方式，由政府来对国有文化单位实施重组。集团组建时，其资金来源主要依靠财政投入。主要负责人由党委或政府指派，行政管理模式依然延续传统的执行模式。同时，由于实行属地化管理，所组建的文化产业集团有着鲜明的地域分割特点，这些充分说明，凭借政府行政力量组建的文化集团，并非真正意义上的市场竞争主体。而且，由于国有文化企业具有资源垄断的天然优势，与非国有文化企业之间必然形成不公平的竞争，其结果必然扰乱文化市场的正常秩序。改革意味着对既有利益格局的重新调整，因此，是否能够处理好不同地区、部门、群体和个人之间的利益关系，特别是是否能够处理好个体利益和整体利益的关系、部门利益和国家利益的关系，直接决定着我国文化体制改革发展的方向和程度，也决定着中华优秀传统文化传承和创新的效果。

文化体制改革中的激励评估机制还有欠缺。文化决策和执行都依赖各个层次文化官员的积极工作，因此文化体制改革的重点是各级官员。激励机制是实现文化事业快速发展的强大动力。北京大学的周黎安教授认为，对于企业的经理和工人需要给予适当的激励。对于政府官员，合适的激励同样重要。因此，为实现文化事业的发展，包括中华优秀传统文化的创新发展，必须建立一个合适的激励机制，鼓励官员，促进文化体制改革目标的实现。立足个人升迁的角度探讨地方官员的激励机制，具有非常重要的价值，但也有不够周全的地方。因为对于绝大部分的官员来说，不断升迁显然是不现实的。除晋升激励之外，怎样形成其他的、更为有效的微观激励，也就成为我们进一步完善激励机制的重点。但文化发展本身不容易，这决定了官员文化政绩考评标准体系的建立与完善是个更加复杂、也更为困难的长期过程。在这方面，改变过去单纯的向上负责的考评机制，建立一种在纵向上既向上负责也向下负责，在横向上既接受党委、政府、人大、政协系统监督，又接受社会广泛监督的新型考评机制，并将这种考评机制制度化、规范化和社会化，在文化建设和发展的实践中不断改进和完善，是我国文化体制改革中欠缺的重要方面，也是我国文化体制改革中迫切需要实施的重要举措。

国家文化宏观管理和监管体制改革进展缓慢。国家文化宏观管理和监管体制改革与政治本制改革密切相关，涉及党政关系、政事关系、政企关系等诸多方面。改革以来，我国文化体制改革逐步推进，文化生产力获得极大发展。这期间，文化宏观管理和监管体制改革在理顺党委、政府、市场、企事业单位各自职能和相互关系方面发挥了重要作用。但不可否认，在我国文化生产和文化建设领域，当前仍然存在一定程度的党政不分、政事不分、政企不分、管办不分、职能交叉、行政管理成本过高等突出问题，一些地方对文化市场经营活动仍然存在政府干预过多的现象，在管理职能方面，政府"越位"和"缺位"交叉并存的问题突出。这些突出的问题，不仅导致市场的交易成本过高和监管上的缺失，而且，由于受传统文化管理体制的影响，政府文化主管部门在配置资源的过程中，以专项资金为主要手段，利用行政方式推进，严重抑制了以市场配置资源为主要发展模式的市场微观主体的内生增长动力，从而严重影响了我国文化竞争力的提高。党的十九大之后，中国的文化体制改革进入了一个新的发展时期，对于积压多年的文化宏观管理和监管体制问题，中国在总结以往文化管理体制改革经验教训的基础之上，已经探索出一条新的深化改革的路径，这必将为我国文化的大发展、大繁荣，为我国优秀传统文化的传承和创新发展奠定良好的基础。

（二）我国文化法律保障体系不健全

依法治国是我国的基本方略，宪法和法律是推进文化建设和文化体制改革的基本依据，健全的法律保障体系是实现中华优秀传统文化传承和创新发展的重要举措。改革开放以来，国家在文化法律保障包括传统文化的法律保护方面做了很多工作，取得了显著的成绩。但仍然存在不尽完善的地方，某些具体领域还存在"无法可依"的情况。现阶段，我国在文化领域尽管已经颁布了《中华人民共和国著作权法》《中华人民共和国文物保护法》《中华人民共和国非物质文化遗产法》等，相关部委和各级政府也陆续制定了许多专门性和地方性法律法规，但仍然存在许多立法盲点，有些早该通过立法进行规范的文化领域，目前还是空白，或者不够系统完善。这一现象在我国传统文化保护、公共文化事业、文化产业和高科技孕育产生的新兴领域等方面都有体现。在我国具体行业的立法方面，立法盲点和缺失的现象同样存在。与此同时，我国文化领域的部分规制措施，又往往需通过部门性的规章制度来实施，如在国家层面，部门性的规章制度有《中华人民共和国文物保护法》《博物馆管理办法》《乡镇综合文化站管理办法》等，综合完善的法律规制体系尚未建立。在我国当前的文化产业领域，立法盲点的现象同样存在。现阶段，我国文化产业领域已经形成了一种多主体的法律框架，这一法律框架涵盖了宪法、行政法规、部门规章以及地方性法规等多主体，但是尽管如此，仍然存在大量的政策性法规和规范性文件正在行使专门性法律应该行使的功能的突出问题，导致文化产业的法律保护缺乏专门性和针对性。这一现象，在文化产业相对落后的中西部地区表现得尤为突出，造成现阶段主要依赖政策性法规和规范性文件来推进文化管理体制改革，这无疑造成了文化体制改革"无法可依"的困境。另外，现有的文化法律制度也存在对传统文化保护不力的现象。在传统文化的法律保护方面，目前我国主要依据知识产权体系，并以《中华人民共和国民法典》和一些专门性的法律作为辅助，这种保障体系，对于我国传统文化的保护不尽完善。原因主要在于合同不能对抗善意的第三人，订立合同需要担负较高的成本，再加上合同要求订立者一般应具备较高的法律专业知识，这些问题都会导致很难通过合同的方式规范双方的权利义务去实现对传统文化的保护。不仅如此，当前我国文化法律保护和文化发展的关注点，似乎主要集中在文化事业建设的盈利方面，发展文化也是"文化搭台，经济唱戏"，至于怎样更好地促进文化事业的未来长远发展，促进文化建设事业的整体进步，则缺乏全局的视野和长远的谋划。文化立法效力层次偏低是我国文化法律保障体系建设中存在的又一主要问题。现阶段，我国对文化领域的管理更多的是以国务院发布的行政法规、部门规章、地方性法规、政策、指导意见为依据，政府主管部门习惯用文件代替法律，这主要属于文化管理方面的权威性、系统性、针对性不够。缺少由全国人大及其常委会制定的高层次立法。以层次较低的法律形式，借助行政手段来规范文化活动，调整社会文化关系，不可否认具有制定较为快捷、实施比较便利的优势，但是，也存在着严重的文化立法结构不平衡、效力层次偏低的问题，对违规违法者起不到有效的约束和震慑作用。例如，一些与文化建设发展密切相关的领域，如电影管理、广播电视管理、文化市场管理等，本来应该通过立法提供依据，现在仍停留在行政法规或部门规章等较低管理体制层次上，这必然会影响管理的权威性、规范性和稳定性。

另外，我国现行的文化法律法规与全球化规则也存在衔接不够的问题。马克思曾经指出："某一个地域创造出来的生产力，特别是发明，在往后的发展中是否会失传，完全取决于交往扩展的情况。当交往只限于毗邻地区的时候，每一种发明在每一个地域都必须单另进行；一些纯粹偶然的事件，例如蛮族的入侵，甚至是通常的战争，都足以使一个具有发达生产力和有高度需求的国家陷入一切都必须从头开始的境地。""只有当交往成为世界交往并且以大工业为基础的时候，只有当一切民族都卷入竞争斗争的时候，保持已创造出来的生产力才有了保障。"① 中华优秀传统文化传

---

① 中共中央马克思恩格斯列宁斯大林著作编译局. 马克思恩格斯选集：第 1 卷 [M]. 北京：人民出版社，1995：107.

承和保护的过程，也是其积极参与全球化进程，从而在世界范围内传承创新和发扬光大的过程。因此，我国法治文化建设，还需要积极参与制定有关文化事务的国际公约，加速我国文化立法与国际接轨。目前，我国在文化领域中已经批准加入的公约包括《保护世界文化和自然遗产公约》《公民权利和政治权利国际公约》《经济、社会及文化权利国际公约》《保护非物质文化遗产公约》等。但正如专家所言，我国现行的文化法规条文与国际公约未能很好衔接，开放度不够。根据"条约必须遵守"的国际法原则，中国应制定并调整相应的国内的文化法律法规，与国际公约保持一致。同时，在国际交往中，法律建设是一个重要环节，文化法律的缺失和立法层次的不高，对中国要建立的国际大国形象极其不利。而通过立法和法律手段来依法有效地保护我国的文化主权和文化安全，能更平稳地推动中国文化走出去。

（三）对文化事业资金投入不足

资金是文化建设和发展的物质基础和重要保证。近年来，特别是党的十八大以来，我国政府高度重视对文化事业的支出，各级财政部门大力支持文化体制改革，全国文化事业费逐年增加，为文化繁荣发展提供了重要支撑，我国文化事业、文化设施和文化产业各方面都取得了长足的发展。2021 年全国文化和旅游事业费为 1132.88 亿元，较 2020 年增加 44.62 亿元，增长 4.1%；全国人均文化和旅游事业费 80.20 元，比上年增加 3.12元，增长 4.0%。[①] 但同时应该看到，我国目前人均文化和旅游事业费还是比较低的，考虑到物价上涨因素，人均 80.20 元的文化和旅游事业费所能发挥的作用实在有限。我国目前文化建设领域所面临的经费投入不够问题不仅表现为人均文化事业费较低，而且表现为中央和地方各级政府对文化事业单位的财政拨款比较有限。2021 年我国文化和旅游事业费占财政总支出比重的 0.46%，比重和上年持平。这在根本上也限制了各文化部门及其单位文化建设职能的有效发挥。通过对文化行业的局部分析来看，由于基数比较小，财政拨款占国家财政总支出的比重呈逐年下降的趋势。不仅如此，国家对文化建设的经费投入还存在城乡、区域之间投入不平衡的现

---

① 中国青年网. 2021 年文化和旅游发展统计公报出炉 我国文旅工作迈上新台阶［EB/OL］.（2022-07-05）［2022-11-20］. http：//news. youth. cn/gn/202207/t20220705 _ 13821693. htm.

象。和城市的文化投入相比，农村文化的投入在国家对文化投入中的占比较低。就农村文化的发展而言，长期存在的城乡二元社会结构体制和户籍制度，本就导致了农村文化环境的封闭性和文化的落后，再加上教育经费投入不足以及传统的学校教育理念和方式，加剧了对农村文化进一步发展的制约。除此之外，文化投入的不平衡还存在于东西部之间。和东部地区相比，中部地区和西部地区文化事业单位的经费投入同样存在一定程度比例偏低的问题。上述问题的存在，无疑会对我国文化建设和繁荣发展，以及中华优秀传统文化的传承与发展产生很大的影响。

另外，文化建设资金的不足还体现在我国文化体制改革的过程中。要通过文化体制改革，推动文化事业发展和文化设施建设，壮大文化产业，激发文化活力，增强文化竞争力，同样需要财政部门进一步的大力扶持。在事业转企业、企业集团化、公司股份化的改革过程中，我国相当一部分文化单位和文化产业存在人员不足、基础设施和技术设备落后、缺乏发展活力和动力的问题。这部分文化单位和文化产业都面临着基础设施改造、技术升级、更新换代、充实人员的任务，如果不能保证充足的资金支持，必然会影响和制约我国文化建设的发展和繁荣。为此，需要国家继续加大对文化建设事业的经费投入，尽快扭转多年来存在的欠账、底子薄的问题，使得文化事业发展与我国快速增长的经济、政治和社会文化需求相匹配，推进整个社会的进步和发展。

四、弘扬中华优秀传统文化的载体有待丰富

在载体上，弘扬优秀传统文化对于有效载体的运用还不够全面，特别是对于新兴媒体和文化产业的运用还有待进一步提高，这是制约优秀传统文化发展的基础性因素。

（一）我国文化产业发展的总体结构相对低端

我国文化产业是以经营性文化事业单位转企改制作为条件和基础的，因此，需要在市场化机制中对国有文化资产的存量部分进行盘活，在此过程中，需要完成事业型思维向市场化思维的转变。我们应该看到，这些年文化产业的爆发性增长与体制松绑和政策红利所带来的效应有关，但市场

自身的活力和文化企业的发展动力并未得到有效激发，市场竞争主体还不够强，市场机制不够完善，文化产业集中度不高，缺乏骨干企业和知名品牌。我国文化产业的主要增长值长期停留在相对低端、容易开发的外围层和相关层，如文化旅游业、文化制造业、文化复制业、视听设备生产等。有一些地区，在当地文化产业增加值中，外围层和相关层文化产业甚至占比达到了 80% 以上。而作为文化产业核心层的文化内容产业，却长期得不到重视，发展缓慢，创造的产值较低。再如，目前的文化产业仍然比较集中在传统的产业领域，远远跟不上和目前高新技术相关的时代性很强的文化消费需求。而且过度依赖广告的运营模式造成传统媒体收入结构单一，这不仅难以应对经济形势波动的局面，而且面临新媒体导致的竞争压力和收入下滑的风险。文化产业从根本上讲是内容产业，这是文化产业健康发展的根脉所在，不注重文化产品内容质量提高和创新驱动，长期处在产业链和价值链低端，产品缺乏核心竞争力，无益于产业的长期健康发展。一些文化集团迫于生存压力努力推动业务多元化发展，但这些业务与主业之间关系不大，无法发挥资源集中优势，形成完整的产业链。文化产品市场能否成功运营，能否提高文化产业附加值，关键是看能否形成完整的产业链、价值链和供应链。产业链条不完整，附加值低，文化产品市场就会缺乏可持续的增值和开发空间。

（二）文化产业技术力量与国际领先水平有差距

在我国文化产业发展的进程中，利用现代科技手段，充分挖掘丰富的文化资源，同时保护好中华民族优秀的文化资源，是一个重要而迫切的时代命题。21世纪，科学技术突飞猛进，以技术为支撑的文化产业快速发展。基于数字化、网络化和多媒体化的当代信息革命，在推动数字经济和网络经济迅速发展的同时，数字文化和网络文化也日渐兴起并快速发展。现代科学技术的迅猛发展，为文化产业发展奠定了基础，是文化产业发展壮大，占领市场制高点的有力推动力量。在文化产品生产领域，通过现代化的科学技术在文化产品内容和外在形式以及生产方式和传播方式上的广泛应用，文化产品生产获得了快速发展和创新。没有先进的现代化的生产技术，就不可能有大规模的生产，自然也就不会被称为产业。文化之所以被称为产业，就是在于现代化的科学技术的应用。通过现代化的科学技术的应用，发达国家有力地推动了文化产业化发展。20 世纪 90 年代，音像出版公司、图书出版公司在销售中开始使用互联网技术，给消费者的选购带来了极大的方便，音像和图书出版业得以快速发展。百老汇音乐剧制作中的高科技含量是许多传统表演艺术无法相提并论的，它的表演场景的设计，加上高品质的灯光、音响效果，使人身临其境，极大地增强了舞台剧的艺术感染力。反观我国的电影业、娱乐业和演出业等文化产业，在制作、加工、设计、体验等各个方面，都还停留在传统技术的基础上，即便少数的国内领头文化企业引进国际先进技术力量，但与西方发达国家相比，依然存在着较大的技术差距，这一差距广泛体现在文化产业的各个部门。现阶段，我国在传统文化产业中，许多优秀的文化资源尚未得到有效的开发利用，现代化的科学技术的应用机制尚未形成，其现实价值尚未得到充分展现。在新兴文化产业中，立足高科技自主研发的文化产品仍然比较缺乏，缺少自主性的技术产权，同时，文化产业突破性技术创新也比较匮乏。产业发展的"根部技术"一定程度上依赖进口和模仿西方发达国家，文化产业发展的关键技术受制于人的状况还没有得到根本改善。由此可见，技术水平的差距仍是制约中国文化产业国际化的瓶颈之一。

（三）社会主义核心价值观对文化生产引领不够

在中国文化价值观的国际表达中，传统文化的元素与当代文化的元素并不矛盾，我们需要对文化中的精华与糟粕进行深刻反思，前进的路才能走得更加理性、有序。中国的快速崛起令全世界关注，但外国人对中国的了解与中国的实际情况之间存在较大差距。中国文化中有很多优秀的品质，如勤劳、善良、勇敢、节俭、亲和、宽容、包容、克制、忍让、助人为乐、担当、守诺、奉献等，这些价值却在我们的文化"走出去"的进程中表达得远远不够。把社会主流价值观生动地融入文化产品中，离不开社会主义核心价值观对文化生产的引导。坚守和弘扬社会主义核心价值观，不但是文化人的事，也是全社会的事。因此，必须用社会主义核心价值体系引领文化生产，注重挖掘文化资源，打造文化品牌，推出更多高品位、高水准的文化精品，提升文化创意，以内容优势赢得产业发展优势。

五、弘扬中华优秀传统文化的效果有待提高

在效果上，优秀传统文化建设工作还没有达到良好的效果，人们对于优秀传统文化还没有真正理解，没有形成良性传播与互动的局面，这是制约优秀传统文化传承与发展的社会化因素。

（一）中华优秀传统文化资源挖掘不充分

中国是举世公认的有着丰富、优秀的历史文化遗产的国家，是拥有5000多年的悠久文明历史的大国。我国文化建设和文化产业发展得天独厚的优势和条件是具有丰富的历史文化资源，丰富的历史文化资源也是中华民族伟大复兴的不竭动力之源。在文化产业化的过程中，我们面临的一个重要的时代课题，就是怎样充分挖掘我国丰富的历史文化资源，怎样充分利用好这些资源，实现文化资源由静态向鲜活、由有限势能向无限文化产业动能的转化。长期以来，与发达国家相比，我国的文化产业无论是在产业规模、产业质量，还是在资源绩效和市场竞争力方面，都还存在较大的差距。这说明文化资源大国并不等于文化产业强国。现阶段，我国文化资源尚未得到充分挖掘，主要表现在两个方面：一是对文化资源的开发缺乏规划。政府和文化企业对文化产业理解不深，对文化资源的特征把握不够，做项目时对前期调研、论证评估和方案设计不够充分，文化资源传承发展的理念和模式不够明确，科学合理的传承标准还不清晰，这都严重影响了文化资源整体优势和核心优势的发挥和利用。二是文化资源开发盲目、粗放，方式简单、传统。在对传统文化资源的开发利用中要注意，不是所有的文化资源都适合产业化开发和经营，也不是所有的开发都能够实现预期。有些文化资源并不能开发、转化为文化产品或文化服务。

一般而言，只有那些可度量的文化资源，才容易进入市场和进行产业开发。那些不可度量的文化资源，一般很难转化为有经济价值的文化产品或服务。正因为在宏观上缺乏对文化资源总体价值的深刻把握，文化资源传承缺乏针对性、有效性，一些地方盲目仓促"上马"项目，实施拼盘式、大杂烩式的简单低端开发，造成人财物的浪费。不仅如此，我国传统文化资源开发在文化内容形式、体制机制、传播手段等方面还存在脱离时

代发展的现象。可见，如何从消费市场和现代产业角度提炼文化资源的市场价值要素，进行有效的开发和利用，这是中国文化产业发展必须考虑的问题。在文化资源呈散落状分布的基础上进行的单一文化产品开发，无法形成产业规模及规模效益。作为现代社会生活的一部分，文化需求和文化消费无论呈现出怎样的多样性，但它的基本趋向只能是对现代生活期望的满足和补充。我国文化产业必将建立在对历史文化资源进行充分深刻挖掘和利用的基础上。因此，创新文化资源观，在深刻把握资源禀赋的基础上培育文化产业新业态，不失为可期的求解方式。

（二）中华优秀传统文化高质量产品不足

比基础型文化消费更高层次的精神文化需求是享受型文化消费。人的需求总是随着生存需求、享受需求和发展需求的层次发展，表现出需求的丰富性和全面性。从马克思主义的角度看，享受需求也是人的基本需求，满足人的合理的、正当的需求，有利于人的身心健康和社会文明的进步。因而，人的享受型精神文化需求得到正当合理的满足，也将有助于人的健康成长，有助于人的精神文化生活质量的提高和社会精神文明的进步发展。事实上，在最现实、最迫切的精神文化需求得到一定满足之后，人类就会转而去追求更高层次的精神文化生活，从而为自身发展提供更加坚实的基础。人们积极参加各种娱乐活动，追求高雅的审美情趣，积极参加社会实践活动，实现与社会的广泛互动，充分发挥人在经济社会发展和文化进步中的主体性、创造性和价值性。伴随着科学技术的进步和社会生产力的不断发展，人类社会获得了长足的进步，人类生命周期得以延长，休闲时间不断增多，在此过程中，人类会更加理性、深刻地认识到享受需要的正当性、合理性和迫切性，也会在更加高雅的精神文化需求的满足中体验生命的快乐和生命的价值。

历史性变革推动中国特色社会主义进入新时代。中国特色社会主义进入新时代，我国社会主要矛盾已经转化为人民日益增长的美好生活需要和不平衡不充分的发展之间的矛盾。与人民群众日益增长的美好精神文化生活需求相比，我国现阶段在人民群众的基本文化消费领域，无论是内容提供、消费渠道，还是周边生产和生产方式，各个方面仍然存在着一些明显的不足和短板。人民群众需求具有时代性、思想性与艺术性相统一的高质量精神文化产品和服务，以满足自身更高层次的精神文化需求，但客观情况是，尽管每天各种形式的文化产品呈现出几何级数增长的速度，尤其是各种网络媒介产品，每天都有海量的、十分庞大的线上数据，但从整体文化产品市场来看，"有数量缺质量、有高原缺高峰"的现象仍然较为普遍。仅以影视为例，2021 年国产电影总产量 740 部，2021 年新上映电影数量 554 部，而在这些上映的影片中，许多还存在亏本的情况，不少电影在院线"一日游"即遭下线。① 2021 年全国制作发行电视剧 194 部、6736 集，2021 年全国制作发行电视动画片 332 部，获得上线备案号重点网络电影 688 部、网络剧 232 部、网络动画片 199 部、网络纪录片 19 部。② 我国电视剧、动画片从制作量、播出量和收视人群看，已多年稳居世界第一。但这些国产的电视剧、动画片并不是都能够播出的。据统计，我国国产的电视剧、动画片近 50％没有播放平台，而能播出的电视剧、动画片又只有 50％左右能够盈利，这其中能产生一定经济效益和社会效益的少之又少。可见，巨量的文化消费品只有少数能够转化为满足消费者需求的产品，其中还存在着大量文化消费品属于无效供给的情况。国人对享受型文化消费品的需求正日益多样化和复杂化，而这种文化渴求的旺盛与文化供给的相对贫乏正形成巨大反差。换言之，享受型文化产品的数量已经足够了，但整体质量有待提高。公众不是没有文化追求，而是我们的海量文化消费品中有质量的、能够打动他们的文化产品无法满足公众的文化需要。

（三）中华优秀传统文化产品的世界影响欠缺

文化产业的核心是内容，内容的灵魂是创意和价值。在市场经济的背景下，文化产业导向性、经济性（商业性、娱乐性）应统一于文化性（新闻性、艺术性即欣赏性）的实现，三者统一的程度影响到文化建设、文化产业发展和文化宏观管理（总量和结构的调控）的成效，只有深化这种认知，才能有助于对文化和文化产业特殊性的深刻理解，从而在实践中遵循文化的发展规律和市场经济规律。实践表明，并不是只有"三俗"才会有

---

① 2021 年中国电影行业市场数据汇总分析：https：//www. 163. com/dy/article/H3524S3 Q051481OF. html.

② 2021 年全国制作发行电视剧 194 部 6736 集：https：//www. 163. com/dy/article/H5QEMQ6 G0514R9KQ. html.

经济效益，现代人对毫无文化内涵的快餐文化开始厌恶，那些没有营养的只有简单快乐的娱乐节目正逐渐失去市场，人们开始喜欢新的、有文化内涵的节目了。例如，中央电视台的《中国诗词大会》节目，其受欢迎程度进一步说明，未来的文化产业一定是属于有内涵、有内容、有深度、有思考的文化产品。以当下文化产业中的标志行业——影视业为例，前几年出现了井喷式的发展，但经过几年的沉淀后能够真正走向世界的却没有几个。其作为一个产业，整体上缺乏对民族文化的自觉意识，缺乏对民族文化的理解和尊重，一味地在技术上追新，执着于技巧，结果有不少技术过硬和制作上大投入的大片因缺少"灵魂"而在市场竞争中惨败。一组票房数据引人深思：2015年国产动画《大圣归来》《熊出没》国内票房喜获丰收，但海外票房却惨淡收场，而进口动画电影票房火爆，其中迪士尼的《疯狂动物城》国内票房达到15.3亿元，全球票房更是超过10亿美元。2016年张艺谋导演的巨作《长城》，虽有多家媒体联合造势，但国内票房只有11.7亿元，在北美的票房更是惨淡，只有1800万美元，而反观《美国队长3：内战》，全球票房达到了11.5亿美元。文化产业中不是只靠"砸钱""烧钱"就能创作出成功的产品，而是要有真正的文化眼光和情感、价值的融入，文化产品的消费是情感之间的互动与传递，而不是"被观看"。在对动漫的认知上，不能为3D而3D，也不是每部作品都要用3D技术去制造感官刺激。动漫的定位并非仅仅是低幼儿，而应是老少皆宜，其门槛更高，相比技术创新，观众更期待打动人心的故事情节和人物形象。事实上，我们不仅在终端产品营销上有所欠缺，还忽视了前端的产品研发。从动漫业来看，国内动漫企业跟风模仿欧美、韩日风格，在实践中既没有赢得国外认可，也失去了中国观众。而海外强势动漫企业配置中国文化资源，传播国外的价值观，却在中国市场赚得钵满盆溢。中国动画缺的不是3D、4D技术，关键是产品内容的选择，以及故事在国际市场上的认可度。中外文化产业的较量显示：在讲故事和创意能力上，我们最大的问题是守着丰厚的文化资源却暴露出产品缺少文化内涵，我们对文化产业发展规律的理解和把握上还不够。很多人把文化产业的转型简单理解为技术上的转型升级，把文化创意简单理解为出点子，甚至误读创意经济就是"空手套白狼"。殊不知文化产业和文化创意的财富增值的根本在于深厚的人文素养和专业的知识储备，是文化符号与产业经济的深度融合。我们羡慕《哈利·波特》已形成 2000 亿美元的产业链，而无知于背后的凯尔特文化复兴底蕴的力量，仅仅从直觉上欣赏魔法的热闹场景；可能很多人不了解最成功的品牌之一的"耐克"，背后潜伏着古希腊神话的耐克女神；更不会理解风靡全球的"苹果"手机品牌背后的"伊甸园神话"的营销助推。文化产业实践充分表明，盲目跟风和专注于技术或风格模仿，在长期文化战略角逐中注定会败北。缺乏世界元素的深入挖掘而只靠金钱投入，根本无法同发达国家的文化产业竞争。

第四章　中华优秀传统文化传承与创新的实现路径

第一节　中华优秀传统文化的继承与弘扬

一、全面系统地研究阐释中华优秀传统文化的价值内涵

（一）中华优秀传统文化的概念阐释

中华优秀传统文化作为中华民族的精神支柱和文化血脉，一直是构建文化的中坚力量。中国传统文化博大精深，学习和掌握其中的各种思想精华，对树立正确的世界观、人生观、价值观很有益处。学史可以看成败、鉴得失、知兴替；学诗可以情飞扬、志高昂、人灵秀；学伦理可以知廉耻、懂荣辱、辨是非。其基本概念指的是人们在社会生产实践活动中经过历史的检验而传承下来的具有指导性、先进性、前瞻性的文化内容以及形式，是推动社会进步、引领文化创新以及塑造人民群众价值观的一切优秀文化成果的总和。本章所探讨的传统文化是指以"优秀"作为概念界定的文化中积极健康的先进文化。其具体内容主要包括以下几个方面。

1. 自强不息、不屈不挠的民族品格

在革命战争年代，面对外敌的入侵，国人积极响应党的号召，义无反顾地担负起历史使命和时代责任。在面对敌人的严刑拷打时，坚决捍卫国家主权，以视死如归、舍生取义的大无畏精神保卫国家安全，生动地彰显

了自强不息、百折不挠的精神品质。司马迁在人生逆境中以其强大的精神意志撰写了《史记》，这一"千古之绝唱，无韵之离骚"的经典著作是对艰难困苦、玉汝于成崇高品格的具体阐释，是对中华优秀传统文化深刻内涵的生动讲解。老子指出"胜人者有力，自胜者强"，孔子"发愤忘食，不知老之将至"的豁达乐观都是对自强不息精神的充分诠释，其留下的精神文化成果是指引后辈不断前进、培养后辈精神品质的宝贵资源和精神财富。

2. 厚德载物、修身治国的民族品性

厚德载物强调要将个人的品格积极融入社会公共道德中，人类在面对浩瀚的宇宙感到渺小时，更需要有宽容敦厚的品格和厚德载物的精神品质，"老吾老以及人之老、幼吾幼以及人之幼"，坚持宽容的美德才能承载万事万物，保持一颗接纳包容的心态才能做到宽以待人。厚德载物提倡我们要经常内省，督促人们反身内观，锻造人们广阔的胸襟、培养人们豁达的胸怀，是中华民族追求和谐、倡导和平的文化传统观的体现。经典著作《大学》中明确指出了明德与治国、齐家、修身、格物致知的关系，并对其进行了深刻阐释，即提倡一种厚德、大德的精神。孔子的仁爱学说、墨子的"兼爱非攻"思想以及老子的"上善若水"主张都是厚德载物在不同时期的具体体现。

3. 脚踏实地、知行合一的民族传统

我国是传统的农耕国家，人们在长期的日出而作、日落而息的农业生产活动中形成了勤俭持家、脚踏实地的生活习惯和民族品格。在国家革命、改革以及建设发展的过程中，无数仁人志士以及知识分子都有经国济民、知行合一的实践精神和理想抱负，充分体现了中华优秀传统文化中理性务实的精神内涵。务实理性、经世致用是中华民族独特的精神面貌，是维护社会和谐稳定、提高国家凝聚力的指导思想，更是当下我们在面对复杂的社会环境时所需要的精神品质和思想体系。这种理性务实的民族品格是中华优秀传统文化内涵的重要组成部分，要求人们积极入世，修身治平，对大同社会的形成以及个人思想道德素质的提高具有重要的积极作用。

（二）新时代中华优秀传统文化的价值意蕴

中华优秀传统文化承载了中国革命精神和厚重的历史文化，充分挖掘优秀传统文化的当代价值对推动社会主义文化的发展以及国家的繁荣富强具有重要的时代意义，具体体现在以下几个方面。

1. 培育国民改革创新的精神品质

党的十八大报告指出："建设社会主义文化强国，关键是增强全民族的文化创造活力。"中华民族精神包括以爱国主义为核心的民族精神和以改革创新为核心的时代精神。爱国主义是中华民族精神的根基，时代精神是对民族精神在新时代的进一步深化与发展，其基本内涵是解放思想、实事求是、勇于创新、勇于变革，这与优秀传统文化蕴涵的理论内核具有一致性。在不同的历史发展阶段，中国共产党结合具体的实际情况，创造性地开展工作，积极探索救亡图存的历史道路。在从新民主主义向社会主义过渡的历史阶段，在马克思列宁主义的指导下，中国共产党创造性开辟了中国特色社会主义道路。中国共产党带领人民取得了一系列的理论成果，其核心本质在于充分发挥了实事求是、勇于创新的精神品格。挖掘中华优秀传统文化的丰富内核，是培育国民创新创业精神的重要来源和生动的文化素材。

2. 夯实中国共产党执政的文化根基

中华优秀传统文化是在中华民族几千年的历史斗争中形成的精神文化成果，是被实践证明了的正确的政治文化，作为一种特殊的执政资源，是维系民族情感、保证民族稳定以及提高民族凝聚力的重要的文化纽带和精神来源。其蕴含的时代内涵、价值取向深刻反映了中国共产党主导的意识形态、执政理念以及思想体系，有利于夯实中国共产党执政的精神文化根基，从而维持社会的平稳运行以及稳定发展。只有对优秀传统文化进行吸收借鉴，党的执政理念才能不断更新，才能保持鲜活的生命力。优秀传统文化的形成过程展现了中国共产党对马克思主义的学习、应用以及创新，表明了我党逐渐从理论成熟发展到政治成熟。理论的创新扎根于精神文化的土壤中，其发展、创新紧跟时代的变化，优秀的传统文化为其提供了丰富的文化资源。

3. 增强民族文化自信，实现文化强国

文化自信是更基础、更广泛、更深厚的自信，全党要坚定道路自信、制度自信和文化自信。中华优秀传统文化是中华民族的精神根基，是我们民族的"根"和"魂"，优秀的传统文化作为一种具有强大生命力的文化，深深植根于中国人民的血脉之中；作为一种带领社会发展前进的精神力量，对国家的进步以及综合实力的提升具有极大的推动作用。中华优秀传统文化所蕴含的正确的价值体系和思想观念能够为当前社会面临的诸多问题提供中国智慧和中国方案。文化的创新繁荣以优秀传统文化为根基，以马克思列宁主义为指导，在当前文化多元化发展趋势下，牢牢把握先进文化的发展方向，推动文化大发展、大繁荣，需要充分发挥传统文化的导向和激励作用，从而增强民众对本民族文化的认同。

二、将中华优秀传统文化贯穿国民教育始终

（一）中华优秀传统文化贯穿国民教育的育人树人目标

中华优秀传统文化贯穿国民教育始终就是确立以中华精神推动国民教育、塑造"中华人格"。《关于实施中华优秀传统文化传承发展工程的意见》明确指出：中华优秀传统文化贯穿国民教育要"围绕立德树人根本任务"展开，而立德树人的根本目标就是培育人、造就人，使每个学生都逐渐形成"中华人格"。中华人格就是具备智、仁、勇三达德，通过身心并炼、文武双修的人格修养，达成身体健康、心灵雅洁、意志刚强、信仰坚定、德才兼备的健全人格。而要达到这一教育效果，非"中华精神"莫属。"中华精神"就是对《关于实施中华优秀传统文化传承发展工程的意见》中第二大部分"主要内容"的高度凝练。这些思想理念、德性精神，是在几千年中华民族形成发展、融合壮大过程中逐渐形成的，同时逐渐成为中华民族自强不息而厚德载物、历经挫折而越挫越勇的不竭精神动力。在当代，"传承发展中华优秀传统文化，就要大力弘扬有利于促进社会和谐、鼓励人们向上向善的思想文化内容"。显然，这种中华精神对于塑造

中华人格、营造社会和谐、推动历史进步具有不可替代的作用。

（二）开展中华优秀传统文化贯穿国民教育的方式

现有的国民教育体制，已经形成了一套完整严密的学科和课程体系，中华文化内容除了在历史、语文科目中能够有所体现外，别的学科和课程多以西方学术为基本参照。在此背景下，如果增加专门的中华文化课程，势必增加学生负担，特别是在目前应试教育导向尚未根本扭转的情况下，中华文化教育内容如果不能很好地与现有课程相融合，学生学习负担必然加重。为此，我们必须进行顶层设计，一方面设法扭转国民教育的应试评价导向，切实把提高国民全面文化文明素养作为基础教育的根本宗旨，在始终贯穿中华优秀传统文化立人达人的通识性教育的基础上，将更精细的中华优秀传统文化内容融入相应的课程、教材和教学过程之中。融入的方法有两种：一是直接融入各课程，编写教材在涉及各知识点时，直接采用中华文化的相应典故和知识资源做案例和论证材料，在实践性练习中大量融入中华文化资源；二是在现有课程大纲和教材基本内容不宜大变的情况下，编写相应的辅助教材，全部采用中华文化资源，将中华文化的典故、案例等与主干教材的相应内容对应沟通起来，开阔学生视野、训练学生思维、引导学生价值观。

（三）中华优秀传统文化贯穿国民教育的内容体系

中华文化的传承发展，内容为王，本着先进文化引导、人民中心导向、"两创"发展转化、立德树人目标等原则，把一切有利于培育和践行社会主义核心价值观的积极内容，一切有利于培育民本民主、法制规则等思想的进步内容，一切有利于培养植根当代现实、面向人类未来的新型中华人格的向上向善的内容，都凝练出来，分门别类、分层归纳，融入不同学段的不同课程和教材体系中。最为重要的是，按照不同的课程进行课本和辅助教材的编写。当然，详细的教育方案及其理念、中华文化资源的挖掘和整理、分阶段分层次的归纳凝练，都需要下功夫研究。所以，国家应组织相关专家，实施中华文化国民教育内容体系阶段性、层次性归类研究的重大项目，为大中小学各学段课程和教材编写奠定坚实的经典内容基础。在整合借鉴已有分层学科体系的同时，形成一套完整的、具有浓郁中华文化色彩的，大中小学前后相接、层次分明、理念统一、连绵不断的中华文化课程和教材体系，从而真正地把中国的国民教育本土化、时代化、主体化。

（四）要不断营造中华优秀传统文化国民教育的社会文化氛围

把中华优秀传统文化贯穿国民教育，用中华精神重塑国民教育，相当于对当下的国民教育体制的一次深刻变革，这种变革不仅涉及教育内容、课程和教材体系，还涉及教育理念、教育方式和教育价值观的深层次变革。我们的教育要实现更高层次"中华化"的"复归"，需要强有力的社会政治和文化氛围的支持。为此，需要全社会对《关于实施中华优秀传统文化传承发展工程的意见》的内容形成最大共识，特别是从大中小学校长、书记开始培训，提高各级各类学校领导层的高度认同。有计划地对各类大中小学教师进行全员系统的中华文化教育培训，使之不仅意识到中华文化的重要性、丰富性及其现实价值，而且能够自觉地不断汲取中华文化中的精神营养，按照中华人格的目标要求修养自身、提升境界。积极推动和引导中华文化进乡村、进社区、进家庭活动，为学生家长、社会大众开展中华文化普及教育和践行促进活动，在全社会唤回对中华优秀传统文化的记忆和自觉。最根本的教育是"不言之教"，因此，教育者的中华文化教育培训及其中华人格的培养至关重要，可作为社会文化氛围的风向标、引航器，助推中华文化国民教育的持续变革与繁荣发展。

三、加大对中华优秀传统文化的宣传教育

在有影响的主流媒体上设立传统文化论坛，研究和梳理优秀传统文化的精髓，大力弘扬传统文化和传统美德，陶冶情操，凝聚人心。利用春节、元宵、清明、端午、中秋、重阳等重要民族传统节日和人文典故进行思想教育；同时注重提升文化内涵，发扬其中蕴含的传统美德。积极扶持民间组织和单位参与传统文化教育的弘扬和宣传，鼓励和支持企业和民间资本投入传统文化中。

中华优秀传统文化之所以能够经久不衰，与中华民族一直高度重视教育密切相关。正是一代代承担教育使命的人，保障了中华文明绵延至今。

习近平总书记高度重视中国优秀传统文化教育，认可"文化立人"。要把优秀传统文化的传承发展与学校教育有机结合起来，把优秀传统文化传承发展融入学校教育全过程，与幼儿教育、基础教育、职业教育、高等教育和继续教育等各种教育形式相融合，把思政课这一载体有效利用起来。与此同时，学校应优化文化环境，在各种功能区中加强对中华优秀传统文化的宣传教育，以润物细无声的方式培育学生对优秀传统文化的自信。新时代中华优秀传统文化的宣传需要借助于多样化的传播载体，通过文学、美术、音乐、电影等多种形式，适应群众的文化需求、审美情趣与生活习惯。在平台方面，要充分利用线下公共文化服务机构，把这些机构打造成有力的传播渠道，结合现代科技，优化宣传方式，以生动、活泼、亲和、新颖的手段来实施宣传活动。要提高电视、广播和互联网等传播平台的利用效率，通过打造文化类综艺节目，来覆盖更多的人群。尤其是在新媒体时代，通过线上平台和融媒体矩阵来宣传中华优秀传统文化，更是大势所趋。要加大公共场所对中华优秀传统文化的宣传，如公交车站、文化宣传墙等，扩大宣传的覆盖面。

第二节　中华优秀传统文化的保护与调适

一、科学保护和传承文化遗产

文化遗产直观地反映了人类社会发展的这一重要过程，具体有历史的、社会的、科技的、经济的和审美的价值，是社会发展不可或缺的物证。[①] 保护文化遗产就是保护人类文化的传承，培植社会文化的根基，维护文化的多样性和创造性，保障社会不断向前发展。

我国文化遗产蕴含着中华民族特有的精神价值、思维方式、想象力，体现了中华民族的生命力和创造力，既是民族智慧的结晶，也是全人类文明的瑰宝。保护文化遗产，保持民族文化的传承，是连接民族情感纽带，增进民族团结和维护世界文化多样性和创造性，促进人类共向发展的前提。

---

① 陈纪平. 陈纪平藏什么［M］. 上海：上海大学出版社，2010.

加强文化遗产保护是建设社会主义先进文化，贯彻落实科学发展观和构建社会主义和谐社会的必然要求。总的来说，文化遗产作为人类自然和社会活动的历史遗存，无论它们最初是精神的还是物质的、是先进的还是反动的，都是从不同的侧面和领域揭示一定的历史现象，体现了古代人民的思想道德和科学水平，它们的价值和作用是永恒的，保护文化遗产的意义重大。

保护文化遗产能够帮助各族人民广泛汲取民族精神养分；进行爱国主义和革命传统教育，文物有着无可代替的作用；保护文化遗产就是保护了各族人民思想道德和科学文化素质的历史根基；文化遗产在对外交流，保护旅游业发展中发挥着重要作用。

二、加强中华优秀传统文化保护的法治建设

文化安全是国家安全的重要组成部分，文化安全与每个人息息相关，维护文化安全是政府、社会和公民共同的责任。只有维护好文化安全，国家的繁荣发展才有支撑，人民的美好生活才有保证。在现代法治环境下，加强文化安全领域的法治保障，是维护我国文化安全的重要策略。当前，关键是要推动相关立法，形成完备的文化安全法律规范体系；注重法律实效，形成高效的文化安全法治实施体系；维护法律权威，形成严密的文化安全法治监督体系；统筹有效资源，形成有力的文化安全法治保障体系。

（一）应着力推动完备的文化安全法律规范体系的形成

法律是治国的重器，良法是善治的前提。维护我国文化安全首先就是要保证我国文化安全维护工作拥有科学的法律依据，文化安全治理活动具有坚实的法律支撑。为此，一方面，需要进一步完善国家安全领域专门法中针对文化安全保护的内容安排和制度设计。在国家安全领域专门法层面，形成弘扬中华优秀传统文化、继承革命文化、发展社会主义先进文化、培育和践行社会主义核心价值观、规范网络文化空间、保障公民文化权利等方面系统的文化安全法律保护框架体系。另一方面，进一步加强文化立法，为中国特色社会主义文化繁荣发展、为建成社会主义文化强国提供健全的文化法律体系支撑。维护我国文化安全的根本是促进我国文化的

发展昌盛。不断发展和增强对内凝聚力和对外影响力，才是我国文化屹立不衰、永葆安全，并在深层次上支撑国家总体安全，促进国家发展强盛的终极密码。因此，有必要在党的十八大以来所取得的一系列文化立法成果的基础上，把握"窗口期"，进一步加强文化立法，特别是加强涉及文化安全重点领域的文化立法，进一步健全着力于文化价值观念引导、文化权利保障、文化遗产保护和利用、公共文化服务体系建设、文化产业发展等方面的文化法律体系，为文化安全维护工作构建全面的法律支撑。

（二）应着力推动高效的文化安全法治实施体系的形成

法律的生命力在于实施，法律的权威也在于实施。高效的文化安全法治实施体系是推动我国文化安全维护工作的核心保证。目前，我国文化及文化安全方面的法律法规实施情况尚不够理想，在一定范围内存在刚性规定打折扣实施或加码实施、柔性规定不实施或变相当作刚性规定实施的两种不同的极端情况。建立高效的文化安全法治实施体系就是要推动和保障有关文化安全维护的纸面规范走向法治实践，让法律法规能够按照法治理念和立法目的精准有效地在文化安全维护实践中得以落实。当然，文化安全法治实施体系是一个复杂的系统，涉及立法、执法、司法、守法各个层面，需要基于当前我国文化强国和法治中国建设的实际情况和要求加以协同推进。除加强科学立法，为文化安全维护工作提供严谨、协调、系统的法律指引外，在执法层面，应当进一步推动文化安全领域的严格执法，推动政府及相关职能部门依法建立文化安全工作清单制度，依法严格履行各项文化安全维护职责。在司法层面，应当强化涉及文化安全的公正司法，提高司法机关在个案中对危害文化安全行为的惩治力度，提升司法在文化安全维护中的效能。在社会层面，应当加强文化安全领域的法律法规宣传和教育工作，促进文化安全法律知识融入民众生活，着力推动全民守法。唯有从科学立法、严格执法、公正司法、全民守法这四个方面系统着力，才能在依法治国、依法执政、依法行政共同推进法治国家、法治政府、法治社会一体化建设的意义上推动我国高效的文化安全法治实施体系的形成。

（三）应着力推动严密的文化安全法治监督体系之形成

有监督才有落实，严密的法治监督体系是落实文化安全维护工作的关键。因此，应当加快建设和形成文化安全法治监督体系，以加大对执法、司法等公权力运行过程中违反严格执法、公正司法的监督，加大对影响甚至侵害文化安全、社会公正、人民利益的行为的预防、惩戒和治理力度。文化安全法治监督体系建设需要国家和社会两个层面的协力。国家层面以司法监督和监察监督为重点，社会层面以群众监督为关键。在司法监督方面，应当进一步加大司法机关对行政机关文化执法力度，特别是对文化安全执法行为的监督范围和审查力度。在监察监督方面，扩大对文化安全领域的监察范围，丰富监察手段，实现对行使文化安全领域公权力的公职人员的监察全面覆盖。在社会监督方面，应当以制度化的方式充分调动人民群众的主体积极性，充分发挥人民群众参与文化安全维护和文化安全执法、司法监督的作用。与此同时，执法机关、司法机关、监察机关要全面深化政务、检务、监察公开改革，及时、主动公开可以公开的涉及文化安全案件的办案信息，将相关工作置于群众的监督之下。此外，应当以制度化的方式推动各监督主体之间的衔接和互动，明确各监督主体的监督范围、方式和程序，探索建立文化安全信息综合平台，实现各方监督主体之间在文化安全执法、办案、群众投诉举报等方面的信息实时传递和资源共享，及时发现和纠正文化安全领域的执法不严、司法不公的问题。

（四）应着力推动有力的文化安全法治保障体系的形成

徒善不足以为政，徒法不足以自行。有力的法治保障体系是推动我国文化安全维护工作的重要保证。形成文化安全法治保障体系是文化安全领域法治建设各环节、各要素有序运行的必要条件，是发挥文化安全法律法规的引导、规范和保障功能以及确保文化安全维护工作，依法稳健推进的重要支撑。具体而言，形成文化安全法治保障体系主要应从三个方面入手：一是深入推进依法治国，提高依法执政能力和水平，为文化安全领域法治建设提供坚实的保障。二是深入推进社会参与，彰显文化安全协同治理的力量，在更大的范围内、以更有效的方式拓展文化安全维护工作的参与渠道，让社会各层面力量在参与中提升对文化安全领域法治建设的作用、对文化安全工作的价值的认知和认同，为文化安全领域法治建设提供强大的保障。三是重视各层面涉及文化安全的专门人才队伍的培养，组建能力强、素质高的立法、执法、司法人才队伍，通过职业培训、人才引进等手段，为文化安全领域法治建设提供有力的保障。

三、运用中华优秀传统文化滋养当代文化艺术教育

（一）中华传统文化与艺术教育之间的关系

1. 中华传统文化中的艺术内容

提及中华传统文化，常会让人想到"天人合一""知行合一"等传统思想，以及"富贵不淫""贫贱不移""威武不屈"的人格精神，还有"温良恭俭让"等传统美德，这些都是中华传统文化的具体表现。中华优秀传统文化是中华民族在长期发展过程中形成的思想文化，直到今天它还发挥着重要的价值与历史作用，它反映中华文化健康的发展方向，具有激发人们民族自信心与自豪感的重要作用，具有历史继承性与稳定性，还有助于促进民族认同。[①] 中华传统文化虽然表现在古诗词、传统节日、书法和绘画等外在形式上，本质却是源自中华民族 5000 多年历史的思想体系与审美取向。以绘画为例，中国画并不将逼真作为评判标准，而是重视绘画意境和境界，如水墨画常常只用水墨笔韵点染出人物的大致轮廓，并不注重将人物描绘得十分真切。唯有先让学生理解中华传统文化的思想体系与审美取向，才能实现有效的艺术教育。

2. 中华传统文化中的艺术教育

在中国古代，有一套不同于现代艺术教育体系的教育方式。中国的艺术教育自古以来就十分重视人文传统，这与传统文化是紧密相连的。古代艺术教育十分注重"以德立艺"，也就是将个人品德修养视为艺术教育的根基，而将中国传统文化视为一种"礼乐"文化，也是古代艺术教育的传统，包括孔子在内的诸多思想家都十分重视音乐的教化作用，具体可以从"兴于诗、立于礼、成于乐"看出来。"乐教"从表面上看是审美的功能教育，其本质却是潜移默化的人性教化，孔子就将鉴赏音乐融入人性教化当中，强调艺术对人格的塑造作用，重视艺术对个人修养、政治理想的作

---

① 李宗桂. 试论中国优秀传统文化的内涵 [J]. 学术研究，2013（11）：35-39.

用。中国古典艺术教育的培养模式集琴、棋、书、画于一体，认为诗、书、画、印同源。与文明发展相一致的传统艺术教育历经几千年的发展历程，形成了优秀的教育理念与教育传统，以及丰富的教育经验，其对今天的艺术教育而言具有较高的借鉴价值与积极的启发意义。① 对传统艺术教育进行批判性继承，能够为当代艺术教育传播与传承中华优秀传统文化提供宝贵的借鉴。

（二）艺术教育传播与传承中华优秀传统文化的意义

1. 传承与发扬中华优秀传统文化

中华民族崛起、发展与兴旺的力量根源就是文化。中华民族的价值观念与思维方式在文化中占据着至关重要的地位，唯有教育，才能真正传播与弘扬中华优秀传统文化。在全球各国交流越来越密切的今天，各国之间的文化交流也越来越频繁，各式各样的外来文化加速涌入我国，我国的传统文化受到了一定程度的冲击。在学校教育中融入中华优秀传统文化，能够为中华民族的兴盛提供更多具有文化共识的人才支撑，因此，将优秀传统文化纳入学校教育这一举措具有必要性和紧迫性。② 利用艺术教育传播与传承中华优秀传统文化，能够强化学生正确的价值观，还能通过艺术教育资源大大丰富中华优秀传统文化资源，让传统文化的表现形式日益多样化，不仅能深化学生对传统文化的认识，还能强化学生对传统文化的热爱，从而在汲取优秀文化资源的同时培养学生的爱国情怀。

2. 提升学生的思想道德品质

中华优秀传统文化将道德与实践视为整体，重视在实践中提高道德水准，再用道德对实践行为进行指导，如"修身养性""见贤思齐""知行合一"等传统格言都强调了道德与实践的统一，对其的深入了解和践行能够更好地提高受教育者知善、行善的能力。③ 一个人的道德品质主要体现在

① 朱恪孝. 中国古代美育传统对当代艺术教育的启示 [J]. 西北美术，2014 (1)：4-6.
② 黄琳清. 中华优秀传统文化融入到学校教育研究 [J]. 中国民族博览，2021 (17)：104-106.
③ 詹红菊，李若晗. 新时代下挖掘和阐发优秀传统文化的思想价值 [J]. 汉字文化，2022 (4)：154-156.

他的言行举止当中，而一个国家的整体道德品质又体现在每一个国民的道德品质上。从当下开始，让每一名学生在艺术教育中接受优秀传统文化的洗礼，对于提高学生的思想道德水准、推进艺术教育发展都具有十分重要的意义。以艺术教育形式传播与传承优秀传统文化，让优秀传统文化中具备的德育功能与艺术教育实现有机融合，在滋养学生的艺术素养的同时更好地提升他们的思想道德品质。对此，可以将某一类艺术作品视为载体，在文化层面对学生进行引导，借助艺术的专业特征彰显文化价值，用正确的教育观帮助学生树立正确的世界观、人生观、价值观，更好地保证学生健康成长。

3. 激发学生的艺术创作灵感

我国传统文化反映了历史文化，其中富有的极其鲜明的中国特色让传统文化元素充满了艺术魅力。中国画通过对山水、花鸟和鱼虫等对象的描绘来反映中华民族对社会各个方面的认知，注重对意境的塑造。汉字、书法也在传统文化中占据着重要地位，凭借其独特的魅力诠释传统文化的深刻内涵。剪纸、春联、篆刻等形式凭借线条搭配与构图反映了广大劳动群众的生活情景。[①] 这些包含在传统文化中的各色各样的精华，对于艺术创作与艺术教育而言都是十分宝贵的资源。许多优秀的艺术作品都是将中华优秀传统文化的精髓与现代设计理念相融合，从而达到良好的表现形式与深层寓意的统一。艺术教育应当激励学生创作出拥有自己思想的艺术作品，其中，灵感是必不可少的，而这些中华优秀传统文化元素能为教师提供教育资源，能有效激发学生的艺术创作灵感，促进学生的艺术作品实现创新。

（三）艺术教育中存在的问题

1. 艺术教育师资力量有待加强

教师是艺术教育的执行者，也是优秀传统文化的重要传播者，教师队伍对艺术教育质量的影响是十分巨大的。[②] 随着时代发展与社会进步，学

---

① 张文. 传统文化元素在现代艺术设计中的应用 [J]. 美术教育研究，2022（3）：62-63.
② 李斌娟，陈淼，李峰. 中华优秀传统文化融入高校艺术教育的教学途径探索 [J]. 戏剧之家，2021（24）：179-180.

生的审美发生了转变，对艺术教育提出了更高的要求，进而对师资力量也提出了更高的要求，这就需要艺术教师深入学习中华优秀传统文化，不断提高自身对中华优秀传统文化的灵敏度，筛选出传统文化与艺术教育之间的结合点。许多教师虽然对传统文化有一定的兴趣，但是对于教学传统文化不知从何处入手，难以将艺术素养、技能培训与传统文化实现有机融合。由于艺术学科本身具有特殊性，艺术教育本身也具有一定的创造性，教师在进行教学时需要充分调动工作热情，然而，许多教师缺乏专业精神与职业素养，缺乏对教学工作的热情，仅仅将艺术教学视作工厂流水线的任务并进行机械化的教学，不能根据每个学生的特点因材施教，也不重视对学生创造力的培养。

2. 对艺术教育的安排欠缺系统性

在开展教学之前，教师应当制定合理的教学目标，也要将艺术教育的整体大纲安排妥当，要将对学生的理论能力培养与实践能力培养相统一。许多教师欠缺行之有效的艺术教学模式，认识不到制定艺术教学目标的重要性，在选择教学方式时，也以灌输式教育为主，然而，单一的讲解很难调动学生的感官，也不能激发学生的创造力，而且，教师也不重视学生在课堂上的反应，与学生之间的互动和沟通都不多。在实际的艺术教育实践中，如果学生提不起学习的兴趣，就很难专心致志地听教师讲课，进而导致教育质量偏低，整个艺术教育课堂缺乏活力。

3. 艺术教育与传统文化的融合性较差

有的教师缺乏对传统文化的深刻内涵、特征的深入了解，意识不到优秀传统文化对学生发展、民族兴盛和国家强大的重要意义，所以不能有效地以艺术教育形式传播与传承中华优秀传统文化。在传统教育理念的支配下，一些教师只是简单地讲授一些艺术知识点，根本不在艺术教育中涉及传统文化，更别提对传统文化深层次内涵的挖掘；还有一些教师会讲解传统文化的常识，设置与国学经典有关的主题班会，或者开设传统艺术课程，这类做法虽然能在小范围内实现对传统文化的普及教育，但是艺术教育和传统文化之间的融合性还是很差。

（四）艺术教育传播与传承中华优秀传统文化的有效路径

1. 加强对艺术教育师资力量的建设

教师作为艺术课堂的主导者，在继承与传播传统文化中发挥的作用至关重要。对此，应当提高艺术教师招聘门槛，招聘专业能力强、工作经验多的艺术教师，以提高艺术教育师资力量水平。加强对艺术教师的培训力度，定期组织艺术教师学习，通过参加研讨会、学习交流与短期培训等多种方式让艺术教师掌握不同艺术流派的不同风格，熟悉各个地域的传统文化，提高教师的艺术素养、人文素养，鼓励教师成为艺术家，从而使其真正走上传播与传承优秀传统文化的道路。鼓励艺术教师开展对优秀传统文化的学习、研究与应用活动，从具体的历史背景、民风民俗、艺术文化等角度对有利于艺术教育的中华优秀传统文化资源进行收集与整合，同时，教师自身要积极提升对传统文化的领悟、学习和实践的能力，为利用艺术教育传播与传承中华优秀传统文化夯实基础。促进教师进行教研，通过定期的自我反思查找在艺术教育中传播与传承中华优秀传统文化的不足之处。

2. 创新艺术教育手段，革新艺术教育观念

要想将中华优秀传统文化具有的深刻内涵挖掘出来，并通过艺术教育传递给学生，那么革新艺术教育观念、创新艺术教育手段就势在必行。由于艺术学科自身具有一定的特殊性，如果艺术教师用"填鸭式"教学方式向学生灌输单一的艺术理论知识，就会严重影响艺术教学的效果。对此，教师可以将优秀传统文化渗透在艺术教育内容中，让学生在潜移默化中接受中华优秀传统文化的熏陶，从而自然而然地形成对传统文化的热爱，养成保护传统文化的意识。教师还可以借助信息化手段提高课堂教学的实效性。例如，可以在电子图书室或借助多媒体系统向学生介绍有关传统文化的艺术作品，通过播放视频、推荐相关资料让学生主动加深对传统文化的了解。又如，教师还可以邀请当地的民间艺人共同开展艺术教育，在校园内进行艺术创作，在课堂上和学生一同对民风民俗、建筑样式、艺术作品等展开热烈的讨论，从而有效提高中华优秀传统文化传播与传承的质量。

3.深入挖掘传统文化的内涵

中华优秀传统文化不仅是中华民族的血脉，更是国人珍贵的精神家园，正是受到这博大精深的中华优秀传统文化的滋养，伟大的中华民族才能繁衍不息。对中华优秀传统文化的传播与传承，就是要对这些传统文化与传统艺术实现再创造。在开展艺术教育的进程中，要在传统文化中提取能够与艺术教育相呼应的元素，要将传统文化作为德育载体开展教育。用传统文化的丰富内涵来丰富艺术教育的课程资源，能够有效提高艺术教育的效果。教师应当找到艺术教育与中华优秀传统文化之间的紧密结合点，在课程中有机贯穿对国画、古诗词、书法、戏曲等传统艺术的介绍，同时一定要注意综合实际情况来选择教学内容，从而实现中华优秀传统文化与艺术教育的深度结合。另外，鉴于在开展艺术教育时很难顾及所有种类的文化资源，对此，可以开设艺术鉴赏、民族舞蹈等文化课程，还可以带领学生参观历史古迹、遗址和博物馆等地，通过生动的教学实践实现教学目的。在艺术教育中，可以引导学生品鉴古典艺术作品，在发现与领悟中华传统文化的艺术美的过程中提高自己的审美能力，激发民族自豪感。

4.重视艺术教育中的实践机会

在艺术教育中，艺术实践不可或缺。通过艺术实践学生能够获得深度的学习体验，而通过体验艺术创作，丰富艺术教育课内外的实践活动，让学生获得更多实际体验艺术创作与动手操作的机会，学生能够在实践中领略到中华传统文化独特的魅力与丰富的底蕴，并获得更多的艺术知识；通过参与更多的艺术实践活动，学生能够极大地提高自身的综合素质与艺术修养，加深自身对中华传统文化与艺术的热爱，掌握更多有意义的艺术知识。此外，学校可以开展一些以传统文化为主题的艺术知识问答、艺术展览活动，引进一些高水平的传统文化类艺术作品展览等，通过这样的方式实现以艺术教育形式传播与传承中华优秀传统文化的目的。

（五）中华优秀传统文化滋养文艺创作

1.增强文化自觉，坚定文化自信

艺术家的文化自觉，体现在对中华文化的历史渊源、交流融合、发展演变、时代价值与世界意义等具有理性、全面、深刻的认知，因而能够主动承担弘扬中华文化、构筑中华民族共有精神家园的历史责任的一种觉悟和担当。中华优秀传统文化是我们文化自信的根基，文化自信来自对中华优秀传统文化的自信。创作出具有鲜明民族特点和个性的优秀作品，要对博大精深的中华文化有深刻的理解，更要有高度的文化自信。没有文化自信，不可能写出有骨气、有个性、有神采的作品。艺术家要保持对中华文化理想、文化价值的高度信心，保持对中华文化生命力、创造力的高度信心，通过精彩的故事、鲜活的语言、丰满的形象，使中华优秀传统文化生动活泼、活灵活现地体现在文艺作品中，充分发挥优秀文艺作品启迪思想、温润心灵、陶冶人生的作用，潜移默化地滋养人心，让人们在润物细无声中喜爱和认同中华文化，激励各族人民守望相助、团结奋斗、不断前行。

2. 坚守中华文化立场，把握中华文化精髓

文化立场是艺术家进行创作的根本态度，关乎其作品的性质定位和价值取向，只有站稳、坚守中华文化立场才能创作出具有鲜明中华文化底蕴的优秀文艺作品。中华文化精髓是中华文化在几千年交融发展历程中形成的最具代表性的内涵和时代价值的思想理念、传统美德和人文精神。坚守中华文化立场，就要深刻认识中华优秀传统文化是中华民族的根和魂，是涵养社会主义核心价值观的重要源泉，也是中华民族在世界文化激荡中站稳脚跟的坚实根基。努力成为弘扬中华文化的坚定支持者和积极践行者。要把中华民族在长期实践中培育和形成的如崇仁爱、重民本、守诚信、讲辩证、尚和合、求大同等思想，自强不息、敬业乐群、扶正扬善、扶危济困、见义勇为、孝老爱亲等传统美德体现在作品中，展现托物言志、寓理于情、言简意赅、凝练节制、形神兼备、意境深远等中华美学精神，使我们的文艺作品以鲜明的中国特色、中国风格、中国气派屹立于世。

3. 发扬历史主动精神，讲好中华优秀传统文化故事

在人类发展的每一个重大历史关头，文艺都能发时代之先声、开社会之先风、启智慧之先河，成为时代变迁和社会变革的先导。中国共产党一直用历史唯物主义的立场、观点、方法看待中华民族历史，继承和弘扬中

华优秀传统文化。没有历史感，艺术家就很难有丰富的灵感和深刻的思想。艺术家的历史主动精神就是一种高度的历史自觉和强烈的历史担当精神，面对铸牢中华民族共同体、构筑中华民族共有精神家园的新使命新要求，艺术家要以更加自觉的历史主动精神讲好中华文化故事。要善于从中华民族的远古传说、经典故事、历史文化、非物质文化遗产、伟大历史人物等中华优秀传统文化遗产中，从各族人民日常生活中普遍接受、百姓日用而不知的文化符号和标识元素中，从作为各民族集体意识和情感纽带的传统节日中提炼题材、获取灵感、汲取养分，把中华优秀传统文化的有益思想、艺术价值与时代特点和要求相结合，运用丰富多样的艺术形式进行表达，创作出一大批底蕴深厚、涵育人心的优秀文艺作品，创作更多具有中华文化底色、鲜明中国精神的文艺作品。

4. 挖掘时代价值，坚持创造性转化和创新性发展

以中华优秀传统文化滋养文艺创作、进行艺术转化绝不是历史与文化的照搬解读，而是按照艺术规律创作的艺术创造活动。历史题材的文艺创作，是以优秀文艺作品告诉人们中华民族真实的历史，告诉人们历史中最具有价值的东西。只有树立正确的历史观，尊重历史、按照艺术规律呈现的艺术化的历史，才能经得起历史的检验，才能立之当世、传至后人。这要求我们在进行中华优秀传统文化的艺术转化时既要坚持历史的真实性和创作的艺术性，更要注重艺术转化的时代性，充分挖掘传统文化中的时代价值，把艺术创造力和中华文化价值融合起来，把中华美学精神和当代审美追求结合起来。艺术家要对传统文化秉持客观、科学、礼敬的态度，取其精华、去其糟粕，扬弃继承、转化创新，不复古泥古，不简单否定，不断赋予新的时代内涵和现代表达形式，不断补充、拓展、完善，真正让中华优秀传统文化创造性转化、创新性发展。

5. 增强创新意识，提升创意能力

中华优秀传统文化的艺术转化是一项系统工程，涉及收集整理、主题提炼、创意策划、艺术构思、创作生产、宣传推介等一系列既相互联系又各有侧重的具体步骤，是否具备创新策划能力，是把中华优秀传统文化转化为高质量艺术作品的关键环节。从讲述在故宫修复书画、青铜器、宫廷

织绣等稀世珍奇文物的《我在故宫修文物》，以赏中华诗词、寻文化基因、品生活之美为宗旨的《中国诗词大会》等文化类电视综艺，到将国粹戏曲元素定为主基调的《上元千灯会》、高科技画中游的《忆江南》，以及被誉为在文博、舞蹈、音乐、文学和非遗传承中探寻和提炼当代审美精髓的舞蹈诗剧《只此青绿》等的成功，无不彰显着高超的创新意识和创意能力，只有具备这样的能力才能使传统文化的艺术转化出奇制胜，创造出新颖独特的艺术作品。而要提升创新、创意能力，就必须系统深入学习了解中华文化精华，深刻领会诸子百家思想和学说，把握其基本价值体系与方法论，发掘具有现实意义的内涵，只有这样才能够使之转化为适应现代生活和当代文化发展需要、符合"两个打造"要求的优秀文化作品。

四、推动中华优秀传统文化内涵融入当代生产生活

传统与现代的对接总是意蕴深长的。2018 年两会期间，央视热播的大型文化节目《经典咏流传》成为社会热议的焦点。清代诗人袁枚的《苔》、北宋文学家苏轼的《定风波》、元代画家王冕的《墨梅》……古典诗词和现代音乐水乳交融，令人耳目一新，在观众中引发热烈反响。

不仅仅囿于古文字、古典诗词，传统文化已悄然融入我们生活的方方面面，如收获 200 万次点击的纪录片《我在故宫修文物》，让那些平时身居深宫埋头修复文物的故宫工匠们，一时间成了"90 后""00 后"心中的新"男神""女神"，精美绝伦的文物在一双双神奇的手中重新焕发光彩。

比纪录片更火的，则是故宫紧跟时尚推出的"萌"系列文创产品。在时任故宫掌门人单霁翔看来，故宫文创之所以兴盛，是因为博物馆不再"高冷"，故宫的秘诀是"萌"，让皇家文化更接地气。

横看成岭侧成峰，远近高低各不同。看山如此，感受传统文化也是如此。在物质生活日益富足的时下，越来越多的国人陶醉于古典诗词的芳华流韵、国家宝藏的博大精深，并以此涵养自己的精神世界，丰富自己的文化生活。

根植于中华大地的传统文化是我们的祖先在生产实践中总结出来的文化精华，它反映了中国人的思维方式和道德观念，具有典型的中国精神、中国风度。然而，由于时代和环境的差异，这些传统文化往往被束之高

阁，无论是摆放在博物馆还是故纸堆里，这些文化总是向外界展示着略显保守和僵硬的"面孔"。只有将其文化记忆和精神融入现代生活，才能成为更为现代的文化转化方式。可以说，我们从来不缺少传统，而是缺少把传统带入现代生活的创意。

在新媒体与创新创意时代，在这两个"新"字的背景下，传统文化更要以一种更加润物细无声又令人惊喜的方式走近我们。当人们感叹一些优秀传统文化渐行渐远时，一种全新的传统文化传播方式正在用创意把昔日亭台楼阁中的"大雅"还俗于民间。面对传统文化，年轻人的思维、年轻人的活力、年轻人掌握的现代信息和技术，会转化出一个属于这个时代的传统文化。创新，可以让传统无处不在。

今天我们在盘点和整理传统文化遗产的同时，更要树立紧迫的创造性转化和创新性发展的意识，通过各种文化创新，让传统文化的面孔不再是呆板的、抽象的，而是鲜活的、水灵的，才能让公众更好地接纳，才能让创造性转化与创新性发展成为现实。国宝不能只躺在"宝库"里，用时尚化的方式来解读古老文化，让传统文化好懂、好听、好读，成为人们不可或缺的最爱，传统文化才能在创造性转化与创新性发展的路上，越走越宽。

第三节　中华优秀传统文化的创造性转化与创新性发展

一、以文化强国战略目标引领中华优秀传统文化的转化创新

（一）中华优秀传统文化创新转化的重要性和紧迫性

1. 通过中华优秀传统文化创新转化增强文化强国战略的精神底色与坚实根基

中华民族 5000 多年的文明遗产和文化资源根植于中华大地和民族基因，是中华儿女共同的精神家园，也是新时代文化强国战略的精神底色与

坚实根基。需要重视、发掘和弘扬传统文明精髓，唤起全民文化自觉、激发民族文化自信，为新时代文化建设提供丰厚的滋养，助力新时代文化强国建设，彰显中国特色、中国风格、中国气派。

（1）涵育全民文化自觉和民族文化自信

新时代文化强国战略的提出，面临着人民日益增长的包括精神文化需求在内的美好生活需要和不平衡不充分的发展之间的矛盾，面临着中华民族伟大复兴中国梦的目标要求，也面临着需要牢牢掌握意识形态主动权和抵御外来意识形态冲击的现实境遇。中华民族的文化基因内含着中华儿女的民族意识和民族精神觉醒的文化自觉要素，能够为培育全民族整体的文化自信提供本民族文化资源，成为涵育民族文化自觉和民族文化自信的重要土壤，也成为新时代继续深入挖掘和创新转化的重要对象。

（2）滋养中国特色社会主义文化建设

中华民族悠久历史所孕育的传统文明精髓是最深层的文化基因、最广阔的文化土壤，其内含的人与自然关系维度的"道法自然""天人合一"思想，治国理政维度的"以民为本""为政以德"思想，科学方法维度的"居安思危""抱朴守中"思想，天下关系维度的"兼收并蓄""天下大同"思想等，能够为新时代中国特色社会主义文化建设提供最丰富的传统文化滋养。

（3）彰显新时代文化强国战略的中国特色、中国风格、中国气派

自党的十六大提出建设有中国特色、中国风格、中国气派的哲学社会科学的时代课题和目标要求以来，围绕中国特色、中国风格、中国气派的社会主义文化建设的细化和深化的成果不断丰富，新时代文化强国建设也应继续朝着中国特色、中国风格、中国气派的建设方向和发展要求前进。中华优秀传统文化博大精深，作为我国独有的文化瑰宝，积淀着民族国家最深厚的思维探索，包含着民族国家最根本的理念基因，代表着民族国家最卓越的精神印记，深刻影响着中国文化的未来发展。中华优秀传统文化所蕴含的热爱祖国和自强不息的民族精神、海纳百川与兼容亲和的民族品质、仁爱孝悌等民族美德，对新时代中国经济建设和社会发展以及民族凝聚力与认同感的增强，都将产生重大而深远的影响。

2. 文化强国建设亟须激发文化软实力功能、拓展文化建构空间

在新时代文化强国战略背景下迫切需要推进中华优秀传统文化的创新

转化，提升国家文化软实力。文化软实力是指一个国家文化的影响力、凝聚力和感召力，是构成国家核心竞争力的重要因素。就此而言，我们可以将中国文化软实力分为五个组成部分：一是激励国家形成强大向心力的文化凝聚力，传统敬民思想中蕴含着文化凝聚力，构成了充分激发中华传统文化的内核要素；二是获得外界仿效的国家文化吸引力，传统道德文明中蕴含着文化吸引力，构成了充分激发中华民族竞争力的基础要素；三是推动发展、追求领先的国家文化创新力，传统辩证思维中蕴含着文化创造力，构成了提升民族自身社会历史文化更新能力和对外来文化吸收转化能力的倍增要素；四是将各种文化要素组织成效能最大的国家文化整合力，传统治理理念中蕴含着文化整合力，构成了对民族自身文化实力和文化形象整体把握能力的集成要素；五是向外界准确表达意图的国家文化辐射力，传统天下观念中蕴含着文化辐射力，构成了充分激发民族整体的综合的全面的文化力量的表象要素。弘扬中华优秀传统文化，增强国家文化软实力，必须做到"五位一体""五力互动"。

推进文化强国战略新任务为中华优秀传统文化的创新转化创造了时代机遇。文化强国战略是实现中国梦的应有之义，需要以马克思主义为指导、以"双创"为科学方法，发挥好哲学社会科学的推动作用，重视深挖和充分利用红色文化资源，充分发挥文艺的强大吸引力、感召力和引导力，继续坚持以社会主义核心价值观引领文化建设，这些都对继续深入挖掘中华优秀传统文化提出了迫切要求。同时，为对内提升文明内聚力、对外构建中国话语理论权威提供驱动力，从客观上推动了中华优秀传统文化与现代文明共融、互融的时代进程。

文化自信新共识为传统文化创新转化拓展了历史空间。从"三个自信"到"四个自信"的重要论述，成为当前文化建设的新共识。文化自信彰显了中国特色、中国风格的文化根基、文化理想的勃兴，也彰显了中华民族文化定位与民族身份的塑造。作为中华民族伟大复兴事业的前提，文化自信能够激发国民主体的民族自信心与民族自豪感，促进全社会对社会主义核心价值观的普遍认同与坚定信仰，影响新时代文化构建的定向与路径。因此，这一新的文化建构方向，为文化强国战略的新发展奠定了基础，为文化建设确立了重要地位、指明了基本方向，成为推动中华优秀传统文化创新转化、建设文化强国的必要前提和内在动力。

（二）文化强国战略目标下中华优秀传统文化创新转化的总体布局

在党的最新理论成果中，"四梁八柱"的改革思维与改革方法，强调我们的改革要有一个基本的主体框架，文化建设也如此。新时代推动中华优秀传统文化创新转化的重点，是以文化强国战略目标引领中华优秀传统文化步入新时代。如何推进中华优秀传统文化创新转化，涵养社会主义核心价值观，这是对于推进传统文化优势基因融入现代社会发展各个方面的大挑战。

1. 建成具有意识形态凝聚力的文化强国

马克思主义指导思想在文化建设中始终占据主导地位，传统文化的创新转化必然坚持与马克思主义的协同发展。中华优秀传统文化需要借助制度层面的支撑以更好地发挥自身优势，因此要构建以马克思主义为指导的中国特色社会主义文化观来统领传统文化的创新转化。坚持马克思主义文化观在我国文化建设历史进程中的指导性地位与引领性作用是推进文化繁荣、发展先进文化的重要保障。

习近平新时代中国特色社会主义思想作为马克思主义中国化的最新理论发展成果，指导党和人民沿着正确的方向、运用科学的方法进行社会实践，实现了一个又一个奋斗目标。习近平在十八届中央政治局第十二次集体学习中，首创性地提出了"实现中华传统美德的创造性转化、划新性发展"的思想。在党的十九大报告中，习近平在论述"新时代中国特色社会主义思想"中关于"坚定文化自信以推动社会主义文化繁荣兴盛"的部分时再一次明确了推动中华优秀传统文化创造性转化、创新性发展的科学方法论。作为提出和推动"两创"的思想指导，习近平新时代中国特色社会主义思想具有启新性、纲领性、助推性的地位和作用，是中华优秀传统文化创新转化的统领。

加快发掘传统文明的优秀基因，发挥历史文明精髓的涵养功能。社会主义核心价值观凝聚着全国人民的精神追求，是构建国家发展共同理想信念，弘扬当代中国社会精神的核心命脉。要善于运用中华优秀传统文化中凝结的哲学思想、人文精神、道德理念来明是非、辨善恶、知廉耻，在社会主义核心价值观培育与践行过程中不断融入中华优秀传统文化，使传统思想精髓的创新转化与社会主义核心价值观的培育与践行更深入、更紧密地互动融合。以中华优秀传统文化涵养社会主义核心价值观，建设有精神指引力的文化强国。

作为国家社会经济结构与政治制度深层反映的意识形态，是文化工作最核心的内容，决定着文化建设的方向。新时代构建文化强国应先抓住意识形态的主阵地，坚持马克思主义的指导思想、遵循中国化马克思主义的最新指南，培育和践行社会主义核心价值观，构建凸显社会主义意识形态的向心力和统摄力、具有社会主义意识形态的凝聚力和引领力的文化强国。

深入挖掘传统文化理念蕴含的道德理想、人文精神、家国情怀，推动中华优秀传统文化的创新转化。面向未来、海纳百川，构筑新时代中国精神与中国力量，为人民群众供给精神滋养与价值引领，让中华优秀传统文化彰显永恒魅力和时代风范。

2.建成不断铸就中华文化新辉煌的文化强国

中华优秀传统文化有其自身独特的内在发展规律，遵循文化发展的内在规律可以提高传统文化创新转化的科学化水平，不仅能为马克思主义中国化供给必需的沃腴的文化滋养，也能为驳斥历史虚无主义提供坚定的思想根基，因而在传统文化创新转化中要注重遵循传统文化发展历史的内在规律。延续中华文脉、传承优秀传统文化的重大战略举措——中华优秀传统文化传承发展工程，不仅是对传统文化载体的现代化保护，更是对传统文化基因的有利延续。在迈向中华民族伟大复兴的征程中，对待传统文化要摒弃工具理性思维，在推进文化现代化发展的同时遵循传统文化发展的内在规律性。

推进中华优秀传统文化创新转化，要按照文化发展的现实性、时代性规律，突出文化在社会历史发展中的影响力、凝聚力、感召力，贯彻一切从实际出发的方法原则。纵观传统文明演进历史，春秋战国诸侯混战与百家争鸣，秦汉大一统与独尊儒学，唐代贞观之治、开元盛世和宋元明清民族大融合，社会现状的变迁无一不对文化发展态势产生巨大影响，而后者也为前者提供引路指向和凝心聚力。"观之上古，验之当世，参之人事。"这不仅是治理国家的态度，更是对文化传统的关注。只有立足实践、具体问题具体分析，才能取传统文化之所长、补现代发展之不足、扬中华文明之永恒魅力。

推进中华优秀传统文化创新转化，要表现出对文化发展的人民性、大众性规律的尊崇与遵循，体现出对传统文化发展主体、社会历史作用的尊重。传统文化基因的发展历史是人民的活动史，无数优秀文明成果所反映的是人民对世事沧桑的镌刻、对情爱家国的思索、对命运起伏的谱写。习近平高度重视人民的文化主体地位，借"天视自我民视、天听自我民听"以表达对人民主体地位、群众创作活动的尊重，体现了中华优秀传统文化创新转化要承袭中华文明的人本传统，文化发展要尊重人民主体地位、符合与人民文化实践活动切实相关的根本要求。传统文明精神的创新转化应坚持以人民为中心的创作导向，创新文化事业，繁荣文化产业，平衡文化发展比重，提高文化发展质效，创新文化发展方式和内容。

3. 建成具有显著传统文明标志的文化强国

按照党的十九届五中全会精神，2035年现代化建设目标中囊括了文化强国建设，现代化建设也包含文化建设。要深刻把握文化建设与现代化建设协调发展的内在机制，实现现代化创新文化、文化反哺现代化的科学发展观。国家在推进政治、经济、社会、生态文明发展的进程中，不可避免地需要考量文化建设的问题，而文化建设对于国家整体的现代化建设而言，也饱含着决定性的意蕴。因而，要深刻把握文化建设与现代化建设协调发展的内在机制，充分肯定中华优秀传统文化创新转化在国家治理现代化进程中的关键作用。

在国家经济飞速发展的同时，必然将迎来文化建设高潮。基于此，社会主义现代化建设应以文化建设为重要组成部分，让社会主义的优越性不仅通过国家富强体现出来，也通过文化繁荣体现出来。中国特色社会主义理论体系的不断丰富发展为文化繁荣提供了行动指南，邓小平理论强调物质文明和精神文明"两手抓，两手都要硬"；科学发展观进一步促进文化建设与政治、经济、社会建设相协调；新发展理念的"协调"理念，也要求"着力增强发展的整体性、协调性""注重解决发展不平衡问题"。

提高社会文明程度是现代化国家建设的重要标识，也成为文化强国建设的重大任务。中国特色社会主义现代化建设进程中优秀传统文化创新转化的内在机制，是面向现代化建设的，从整体上系统探讨其内部各部分如何分工合作、高效配合，实现良性、科学、可持续发展。这种对文化发展的科学认识和方法论原则自古有之，强调在分析文化与社会发展关系的同时，灵活运用整体与部分、系统运行思维，明晰社会有机系统离不开经济结构、政治结构、生态结构和文化结构的多维基本要素的耦合互动、共同作用。

中华优秀传统文化创新转化的内在机制，要求将中华优秀传统文化发展的各主体、各方向、各动力和各条件要素等进行合理调配和有机整合，实现内在结构的科学组合和运行方式的合理有序。例如，在传统文明理念的发展主体方面，既强调人民群众应培养信仰意识、道德意识、创新意识、实践意识，提高文化发展主体的自身素养和各项能力；也强调党政干部应发挥带头作用，增强领导能力，强化意识形态观念，掌握科学思维方法；青少年应树立正确的文化观，发挥祖国未来栋梁的储备力量，承担党和人民赋予的历史重任。从而逐步构建起完善的中华优秀传统理念系统，提高社会文明程度。

4. 建成具有中国特色的文化强国

中华优秀传统文化的创新转化，必然要发掘出时代性、大众性、全局性、共赢性的基本特征，这是由传统与现代互补融合的必然逻辑所决定的。中华传统文化在古代封建统治的政治环境中主要充当着教化的角色，虽然其教化对象是人民，但教化目的却是为了维护统治阶级的利益，这就使得传统文化自身的群众基础相对薄弱。在中华优秀传统文化创新转化过程中要注意发掘和强化时代性、大众性、全局性和共赢性的基本特征，使中国特色社会主义文化彰显出更深刻的民族与时代烙印。

（1）顺应时代化的历史潮流

中华优秀传统文化的创新转化，不仅是时代的浪潮，还是引领时代的标杆。中华优秀传统文化提供的并不仅是关于人类社会生活的真知，还包括一种态度或行为。因此，关键问题不在于它是否能够给我们一个合理化的标准，而在于它在社会生活中是否合理，即它是否能够促进社会生活协调发展，这意味着中国传统文化的创新转化必须以社会生活整体的需要为标准。正所谓"聪者听于无声，明者见于未形"，在承袭中华文明思想精髓基础上创新转化的首要条件——要看到未然之趋势、抓住毫末之时机，进行顺应时代发展的创新，才能实现对时代的超越。中华优秀传统文化的时代化特征首先体现在国内形势变化方面。随着我国社会主要矛盾的转变，传统文化中注重高尚精神追求和实现人生价值的优秀基因逐渐超越对物质财富的追逐，成为人们实现美好生活更为迫切的精神推动力量。在国际形势变化方面，中国传统文化中和谐、大同等思想在应对人类难题时的软实力功能得以更加充分地展示出来。

（2）坚持大众性的价值追求

人民是创作的源头活水，只有扎根人民，创作才能获得取之不尽、用之不竭的源泉。新时代中华优秀传统文化的创新转化应当坚持以人为本，体现对人民呼声的反馈和对人民生活实践的指导；同时，文化与实践的关系密切，努力推进新思想文化的大众化。大众性特征主要体现在两个方面：一方面，人民需要文艺，中华优秀传统文化的创新转化要致力于拉近思想文化与人民的心理距离；另一方面，文艺需要人民、热爱人民，要从实践出发，深入生活、扎根人民，积极推动传统文化作品创新，提供符合民心的素材、自主创造的动力和信心，培养创作人才。优秀的文化其核心内容一定是真正关心人类幸福、关心人类如何才能在大地上更好地生活的文化。优秀文化的根本思想一定是为人类生存提供精神食粮和精神的原动力。新时代中华优秀传统文化的创新转化一定要彰显出更厚重的人文精神。

（3）立足全局性的战略要求

文化发展源自历史进步的需求，文化建设要融入社会主义现代化建设的洪流，实现新时代中国特色、中国风格的精神文化理念与社会主义实践的有机融合、协调推进、统筹兼顾。中华民族精神是经过了时间的考验、实践的检验，随着社会的发展不断增添时代新内容而传承下来的最精华的民族思想，代表着整个中华民族相对统一的文化思维方式、基本价值取向和基本伦理道德标准，是为中华民族实践生活提供自觉道德约束和伦理判断标准的文化成分。中华优秀传统文化能够为民族社会历史发展提供内在支撑力，能够为中华民族的创新与进步提供心理价值认同和凝魂聚气支持，能够在中华民族面对危机或是机遇的时刻发挥重要的作用。因而，与民族精神有着直接联系的传统文化自然就成为中华文化的优势资源。中华优秀传统文化的创新转化，必须构建社会整体的传统文化观念，保护传统文化思想精髓和物质载体，从整体上推进中华文明发展进程。

（4）追求共赢性的对外开放

共赢发展理念源于中华文明对外来文化兼容并包的传统，是中华文明亘古不变的科学思想，也是中华优秀传统文化创新转化所要传承的精髓之一。秉持这一发展理念和实践主题，在助推中华民族伟大复兴的同时促进人类文明进步。一方面要促进开放交流，践行文化熏陶，提升文化的国际传播能力，展现中国具有独特魅力的文化大国形象。另一方面，要推动构建人类命运共同体，深化"一带一路"的建设实践。要不断提升中华文化的影响力，把握大势、区分对象、精准施策，这体现出面对文化全球化趋势的科学发展新思路。立足全球化潮流，和而不同地借鉴世界文明有益成果，发展本国文明，坚决抵制文化同质化的构想，实现世界各国文化各美其美、美人之美、美美与共、天下大同。

（三）以"两创"精神落实好文化强国战略对中华优秀传统文化创新转化的新要求

"创造性转化、创新性发展"包含双重含义，一方面指赋予中华优秀传统文化以适应文化强国战略实践的新内涵，另一方面指拓展中华优秀传统文化创新转化与传播发展的新领域和新空间。进入文化建设新时代、新阶段、新征程，迫切需要以"两创"精神落实好传统文化创新转化的各项任务，赋予中华优秀传统文化新的时代内涵，拓展中华优秀传统文化新的展示平台，发挥文化建设在举旗帜、聚民心、育新人、兴文化、展形象全局工作中的突出作用。

1. 赋予中华优秀传统文化新的时代内涵

中华传统文化发展的历史进程表明，只有秉持开放包容、兼收并蓄的心态，才能不畏时代挑战，永远处于创新转化之中。因此，中华传统文化需面向中国特色社会主义实践这一文化发展和文化环境的"新传统"，满足新的社会道德伦理诉求，适应社会主义先进文化需要，符合维护国家文化安全需要，努力锻造能够承受时代冲击、经受时代考验、包容时代多样的"强心脏"。这种新内涵并不意味着与传统的割裂，恰恰彰显了与传统的辩证接续。也就是说，要把传统文化的优秀成分作为中国特色社会主义新文化的优势资源和思想基础，努力激发中华优秀传统文化的软实力能量。

从文化凝聚力、文化吸引力、文化创造力、文化整合力、文化辐射力五个方面深入挖掘传统文化软实力的最大优势。一是基于传统敬民思想增强人民立场的文化根基，以"以人民为中心"的执政新理念延续传统"平政爱民"基因，以"坚持群众路线"执政新方法创新传统"民贵君轻"思想，以"实现人民幸福"执政新目标转化传统"重民保民"思想。二是基于传统道德文明提升社会主义核心价值观的文化动力，在"家国情怀"中迈向民族复兴，在"立德笃行"中构建美好社会，在"修齐治平"中实现个人理想。三是基于传统辩证思维深化"两点论""重点论"与"转化论"的文化底蕴，观其利、视其弊，强调"阴阳相生"的"两点"思维；找重点、抓关键，深化"操其要、分其详"的"重点"思维；积量变、重质变，注重"防微杜渐"的转化思维。四是基于传统治理理念扩展社会治理新理念的文化内涵，在底线思维中根植"居安思危"的忧患意识，在深化改革中擦亮"登高望远"的长远眼光。五是基于传统天下观念构筑人类命运共同体的文化纽带，强调"好战必亡"的思维逻辑，构建国际多元化治理体系，注重"协和万邦"的大国底气，维护国际共同利益，坚守"崇尚道义"的义利观念，实现全方位可持续发展。

2. 拓展中华优秀传统文化新的展示平台

在科技不断发展、日新月异的新时代，中华优秀传统文化的展示平台重在创新、贴近实际。文化要与时尚元素结合起来，以受众喜闻乐见的方式，用最真挚的情感传播中华优秀传统文化；深度挖掘市场和社会的文化需求，营造开放、有参与性的文化环境；借助新媒体渠道社交化的传播方式，根据受众在新媒体平台上互动性强的特点，使其传播效果更加显著，推进媒体融合向纵深发展；推进文化与科技相互融合，催生新型文化业态与文化产业链，拓展中华优秀传统文化的展示平台。在文化交流交融过程中通过文化对话将传统文化的精神标识和现实魅力提炼出来、展示出来。

拓展中华优秀传统文化展示平台的关键环节是要找到使其融入现代社会的具体路径、形式和方法。"五位一体"立体网格文化建设路径是一个有机整体，通过教育引导主导路径增强国家文化整合力，通过舆论宣传日常路径增强国家文化辐射力，二者互为表里；通过文化熏陶集中路径增强国家文化吸引力，通过实践养成根本路径增强国家文化凝聚力，二者互为内外；通过制度保障保证路径增强国家文化创造力，为联结表里、内外搭建桥梁。五个创新维度共同构成"五位一体"立体网格传统文化创新转化路径。促进中华优秀传统文化在全球范围内的广泛传播与发展，通过文化对话的形式，使传统文化的现实魅力在文化交流交融过程中得到新发展、新创造，这种文化对话的创造力越强大，中华优秀传统文化的发展价值在世界就越能充分地得以实现。

2021 年是我们党两个百年奋斗目标的历史交汇点，要切实实现将文化强国战略目标作为中华优秀传统文化创新转化的根本出发点和落脚点，准确把握推进中华优秀传统文化创新转化的关键性和艰巨性。遵循中华优秀传统文化演进历史的内在规律，把握文化建设与现代化建设协调发展的内在机制，体现时代性、大众性、全局性、共赢性的基本特征，坚定不移地推进中华优秀传统文化的创新转化。以"两创"精神落实好总体布局的各项任务，凝练中华优秀传统文化的优势资源，通过切实有效的实践路径，助力 2035 年实现文化强国战略目标。

二、以时代精神激发中华优秀传统文化的生机与活力

（一）中华优秀传统文化的生机与活力不断增强

中华优秀传统文化蕴含着丰富的哲学思想、人文精神、价值理念、道德规范，积淀着中华民族最深沉的精神追求，是中华民族生生不息、发展壮大的丰厚滋养。中国共产党是中华优秀传统文化的忠实传承者和弘扬者，始终坚持把马克思主义基本原理同中国具体实际相结合、同中华优秀传统文化相结合，不断用马克思主义真理力量激发中华优秀传统文化的生机与活力。

（1）在推进马克思主义中国化、时代化中激发中华优秀传统文化的生机与活力。恩格斯指出："每个国家运用马克思主义，都必须穿起本民族的服装。"如果没有中华 5000 多年文明，哪里有什么中国特色？如果没有

中国特色，哪有我们今天这么成功的中国特色社会主义道路？我们要特别重视挖掘中华5000多年文明中的精华，把弘扬优秀传统文化同马克思主义立场观点方法结合起来，坚定不移地走中国特色社会主义道路。马克思主义之所以能够在中国大地生根、开花、结果，是因为我们党坚持把马克思主义基本原理同中国具体实际相结合、同中华优秀传统文化相结合。正是在"两个结合"的过程中，马克思主义不断彰显民族性，日益显示强大生命力；也正是在"两个结合"的过程中，中华优秀传统文化的生机与活力被充分地激发出来。习近平新时代中国特色社会主义思想是"两个结合"的光辉典范，是当代中国的马克思主义、二十一世纪的马克思主义，是中华文化和中国精神的时代精华。

（2）在铸就中华文化新辉煌中激发中华优秀传统文化的生机与活力。文化是一个国家、一个民族的灵魂，文化兴国运兴，文化强民族强。没有高度的文化自信，没有文化的繁荣发展，就没有中华民族伟大复兴。实现中华民族伟大复兴，要求中国共产党人担负起新的文化使命，推动中华优秀传统文化创造性转化、创新性发展，铸就中华文化新辉煌。作为占据真理和道义制高点的科学理论，马克思主义为推动中华优秀传统文化创造性转化、创新性发展、铸就中华文化新辉煌提供了科学指导。百年来，我们党以高度的文化自觉和文化自信用好了中华优秀传统文化这一宝贵资源，把跨越时空、超越国度、富有永恒魅力、具有当代价值的文化精神弘扬起来，不断推动中华优秀传统文化创造性转化、创新性发展，不断铸就中华文化新辉煌。在这一历史进程中，中华优秀传统文化的生机与活力被充分地激发出来，在新的时代条件下绽放出新的时代光彩。

（3）在创造人类文明新形态中激发中华优秀传统文化的生机与活力。百年来，中国共产党领导中国人民成功走出中国式现代化道路，创造了人类文明新形态，拓展了发展中国家走向现代化的途径。这一人类文明新形态，根植于中华优秀传统文化，大力弘扬革命文化、社会主义先进文化，坚持推动物质文明、政治文明、精神文明、社会文明、生态文明协调发展。在创造人类文明新形态的进程中，我们党推动中华优秀传统文化同社会主义社会相适应，展示中华民族的独特精神标识，更好地构筑中国精神、中国价值、中国力量，激发了中华优秀传统文化的生机与活力。随着人类文明新形态的不断发展，中华优秀传统文化将进一步创造性转化、创新性发展，从而进一步彰显人类文明新形态的文化品格，彰显中华优秀传统文化的生机与活力。

（二）坚持马克思主义立场观点方法

激发中华优秀传统文化的生机与活力，要坚持以马克思主义为指导，以科学的态度对待中华优秀传统文化。马克思主义是科学的理论、人民的理论、实践的理论、不断发展的开放的理论，是科学的世界观和方法论，是认识世界、改造世界的强大思想武器。我们要坚持马克思主义立场观点方法，推动中华优秀传统文化创造性转化、创新性发展。

1. 坚守马克思主义根本立场

人民立场是马克思主义的根本立场。激发中华优秀传统文化的生机与活力，要一以贯之坚守人民立场，坚持以人民为中心，坚持为人民服务。在新时代，人民的美好生活需要日益增长。在坚守人民立场中推动中华优秀传统文化创造性转化、创新性发展，就要着眼于人民群众对美好生活的向往，回应人民群众对美好生活的新期待，创造出更多贴近人民群众生活的优秀文化作品，以文化人、以文育人，为人民提供更多更好的精神食粮，不断增强人民群众的文化获得感，让人民群众的物质生活和精神生活都得以改善。

2. 坚持马克思主义基本观点

中国共产党为什么能，中国特色社会主义为什么好，归根到底是因为马克思主义行。马克思主义深刻揭示了自然界、人类社会、人类思维发展的普遍规律，揭示了事物的本质、内在联系及发展规律，是人们观察世界、分析问题的有力思想武器，为人类社会发展进步指明了正确方向。我们党之所以能够不断激发中华优秀传统文化的生机与活力，是因为马克思主义是科学真理。在新时代，我们要始终坚持马克思主义基本观点，以科学态度审视中华优秀传统文化，更好地挖掘中华优秀传统文化的思想精髓，把马克思主义基本原理同中华优秀传统文化更好地结合起来。

3. 运用马克思主义科学方法

马克思主义蕴含着科学的思想方法和工作方法，既是科学的世界观，又是科学的方法论；既讲看什么、怎么看，又讲干什么、怎么干；既部署"过河"的任务，又指导解决"桥和船"的问题。不断激发中华优秀传统文化的生机与活力，就要坚持辩证唯物主义和历史唯物主义的方法论，更好地推动中华优秀传统文化创造性转化、创新性发展。在新时代坚持和发展中国特色社会主义伟大事业中，在全面建设社会主义现代化国家新征程上，我们要按照时代特点和要求，遵循马克思主义科学方法，坚持古为今用、推陈出新，让中华优秀传统文化服务于中国特色社会主义的功能与作用得到更加充分的释放、更为有效的发挥。

（三）为民族复兴提供强大精神力量

在新时代新征程上，不断激发中华优秀传统文化的生机与活力，最重要的就是坚持以习近平新时代中国特色社会主义思想为指导，推动中华优秀传统文化创造性转化、创新性发展，保持中华优秀传统文化的旺盛生命力，不断铸就中华文化新辉煌，为实现中华民族伟大复兴提供强大精神力量。

将中华优秀传统文化作为我们在世界文化激荡中站稳脚跟的根基。不忘本来才能开辟未来，善于继承才能更好地创新。优秀传统文化是一个国家、一个民族传承和发展的根本，如果丢掉了，就割断了精神命脉。源远流长、博大精深的中华优秀传统文化是中华民族的突出优势，是我们在世界文化激荡中站稳脚跟的根基。要深刻认识和把握中华优秀传统文化这一"本来"，提炼中华优秀传统文化的精神标识，挖掘中华优秀传统文化中与马克思主义相融通的思想资源，使中华优秀传统文化的思想精髓嵌入国家治理和社会生活的各个方面，更好地服务于新时代中国特色社会主义伟大事业。

推动中华优秀传统文化创造性转化、创新性发展。创造性转化，就是要按照时代特点和要求，对那些至今仍有借鉴价值的内涵和形式加以改造，赋予其新的时代内涵和现代表达形式，激活其生命力。我们要将中华优秀传统文化置于新时代坐标之中加以审视，按照时代特点和要求实现创造性转化，使中华民族最基本的文化基因与当代文化相适应、与现代社会相协调。创新性发展，就是要按照时代的新进步、新进展，对中华优秀传统文化的内涵加以补充、拓展、完善，增强其影响力和感召力。适应社会主义现代化发展的需要，是中华优秀传统文化保持旺盛生命力的重要根源。我们要立足时代、把握时代，对中华优秀传统文化进行创新性发展，更好地彰显时代精神。在新时代，推动中华优秀传统文化创造性转化、创新性发展还有许多工作要做。比如，将中华优秀传统文化中具有世界意义的文化精髓提炼出来，向世界推介更多具有中国特色、体现中国精神、蕴藏中国智慧的优秀文化。再如，注重运用现代科技手段丰富中华优秀传统文化的现代表达形式，让收藏在博物馆里的文物、陈列在广阔大地上的遗产、书写在古籍里的文字都活起来，丰富全社会历史文化滋养，努力用中华民族创造的一切精神财富来以文化人、以文育人。

三、加强政策支持，着力构建中华优秀传统文化传承发展体系

（一）构建中华优秀传统文化传承发展体系的意义

1. 构建中华优秀传统文化传承发展体系，是保护中华民族赖以生存发展的文化根基的需要

中华文化历史悠久、底蕴丰厚，具有天下兴亡、匹夫有责的爱国传统，天地之间、莫贵于民的民本理念，以和为贵、和而不同的和合思想，革故鼎新、因势而变的创新精神，富贵不淫、威武不屈的高尚气节，扶正扬善、恪守信义的社会美德，这些无不凝结着前人的心血、智慧和思想精华，无不包含着中华民族最根本的精神基因，无不积淀着中华民族最深层的精神追求，无不代表着中华民族独特的精神标识。这些优秀的传统文化精神，几千年始终延续发展，成为维系民族成员的心理纽带，成为振奋民族精神的力量源泉，成为中华民族延绵不绝的精神支柱，为中华民族生生不息、发展壮大提供了丰厚滋养，对中华民族自立于世界民族之林起到了巨大作用。

2. 构建中华优秀传统文化传承发展体系，是立足时代实践、顺应时代潮流不断进行新的文化创造的需要

文化的发展是一个历史的、连续的过程，是在既有传统基础上进行的文化传承、变革和创新。优秀传统文化是我们文化发展的母体，是进行文

化创造的深厚土壤，是实现中华民族伟大复兴取之不尽、用之不竭的思想源泉，我们要在广征博采的基础上廓清历史文化发展脉络，认真挖掘提炼传统文化的有益思想价值，进行深入系统的研究阐发，做出通俗易懂的当代表达，并赋予新的时代内涵，使其与当代社会相适应、与现代文明相协调，在新的历史条件下继续发扬光大。当然，继承民族优秀传统文化，不是回到过去、守旧复古，而是按照取其精华、去其糟粕，古为今用、推陈出新的原则提出的要求，进行科学梳理、精心萃取，从传统文化与时代精神结合上进行新的文化创造，用新的思想、新的精神丰富文化宝库，不断创造符合当代精神和时代潮流的新文化。

3. 构建优秀传统文化传承发展体系，是吸纳融汇外来优秀文化成果、在与世界文化对话交流中丰富发展中华文化的需要

任何一种文化都不可能与世隔绝，都需要从其他文化中汲取养分。在人类几千年的历史上，不同文化尽管有过摩擦、碰撞和冲突，但交流、借鉴和融合始终是发展的主流。一个民族要跟上时代，就必须善于同其他国家和民族进行广泛交流合作，学习和借鉴外来文明成果，取诸家之长，走自己的路。中华文化之所以生生不息、经久不衰，就在于它具有海纳百川、有容乃大的胸襟，具有博采众长、兼收并蓄的传统。当然，学习借鉴不是简单模仿、照抄照搬。要坚持以我为主、为我所用，始终保持自己民族文化的主体性和独立性，把有益的外来文化同优秀的传统文化结合起来，融入中国文化元素，打上中华文化烙印，形成中国气派、中国风格，使中华文化始终立于世界文化发展的潮头。

（二）中华优秀传统文化传承发展体系的构成要素

1. 传者与受者

在现代社会中，学校、政府、企业、社会组织、现代媒体等成为优秀传统文化的传者。而传统文化的受者主要是人，其中，青少年是主要受者群体。受者对于传统文化的接受受到传承内容以及传承方式等因素的影响，同时受到受者文化程度、职业类别等因素的影响。这是我们在构建中华优秀传统文化传承发展体系过程中需要注意的。

2.传承内容

传承内容主要是指中华优秀传统文化。中华文化的传承内容应是其优秀、精华的部分，包括中华文化中具有代表性的民族伦理精神、民族艺术、社会制度、知识体系、节日习俗、生活方式等。

3.传承方式

传承方式是文化传承的形式、方法、工具、手段和策略等的总和。中华优秀传统文化的传承方式是传统传承方式与现代传承方式的结合。主要有民间传承、学校教育传承、媒体传承、场馆传承、文化产业传承等。

4.保障体系

保障体系主要是由保障文化传承良性运行的制度、法律、政策、措施，以及民间传承机制等方面构成，还包括运行机制、监控与评估体系等内容。

（三）加强中华优秀传统文化传承发展体系的建设

1.加强保护历史文物

历史文物是中华民族在历史发展过程中保留下来的遗迹、遗物，是中华优秀传统文化最鲜活的物质载体，具有重要的历史价值、艺术价值和科学价值。从历史文物中，我们可以了解一个时代、一个国家和一个民族的生产方式、政治制度、社会风俗、思想观念、文学艺术、科学技术等历史信息。没有历史文物的物质之躯，也就没有传统文化的存在，更谈不上文化传承发展体系的建设。因此，必须进一步健全完善历史文物保护的法律法规，加强文化典籍整理和出版工作，推进重大历史文物的保护工作，扩大历史文物管理人员队伍规模，提高其能力素质和科技应用水平。只有这样，优秀传统文化的魅力才能长期拥有直观体验的物质对象，为中华优秀传统文化传承保留第一手资料和基本信息来源。

2.培养优秀传统文化传承发展体系的践行者

传承中华优秀传统文化，关键是培养优秀传统文化传承发展体系的践行主体。优秀传统文化的传承者是全体国人。只有把优秀传统文化外化为个人的行为自觉，中华优秀传统文化传承发展体系的建设才有源源不竭的生机和活力。

应该把优秀传统文化纳入国民教育的内容之中，夯实学生传统文化的认识基础，提高学生传统文化的认知水平，造就优秀传统文化的继承者和接班人。同时把优秀传统文化融入现实生活当中，挖掘和阐发优秀传统文化的当代价值和现实意义，使之成为人们不可或缺的生活话语和实践指南。只有这样，中华优秀传统文化才能为人们所接受，并在现实生活中加以体验和践行，使之固化为人们的精神信仰和价值追求。

3. 完善优秀传统文化传承发展的保障机制

优秀传统文化传承发展体系建设，应通过文化立法，建立和完善与之相关的法律法规，并制定和完善文化管理、文化开发、文化创新等一系列政策体系，以形成有利于传统文化传承发展体系建设的保障机制。应建立和完善知识产权法，规范和完善文化管理及文化开发政策。例如，通过建立和完善知识产权法，保护文化遗产，促进各文化主体文化自觉意识的培养和文化规范素养的提升。建立和完善文化管理政策、制度，包括建立、完善诸如政府对文化的行政管理制度，对优秀文化传承人才的培育制度，对优秀传统文化的继承、传播与开发利用政策，以及普查、整理、鉴定，营造良好的文化氛围，开展对传统文化学术研究的政策等，为优秀传统文化的传承提供良好的保障机制。

四、充分调动全社会推动中华优秀文化创新的积极性、创造性

怎样对待本国历史？怎样对待本国传统文化？这是任何国家在实现现代化过程中都必须解决好的问题。对于这两个问题，党的十九大报告提供了明确的思路，即推动中华优秀传统文化创造性转化、创新性发展。创造性转化、创新性发展是中华优秀传统文化在新时代绽放光彩的正确路径，在实现中华优秀传统文化创造性转化和创新性发展的过程中，我们应着重关注如下四个维度。

第一，扎实开展对中华优秀传统文化的学理研究是推动中华优秀传统

文化实现创造性转化、创新性发展的前提。根深才能叶茂，深入才能浅出。中华传统文化历经数千年的发展，形成了十分丰富的内涵。只有深入剖析中国历史上各思想流派的基本观点、演进脉络、表现形式和历史影响，深刻、全面地理解中华传统文化，才能给予中华传统文化以客观公允的评价，才能将其中的优秀因素充分地挖掘出来，进而才谈得上结合时代需要对中华优秀传统文化所蕴含的思想观念、人文精神、道德规范进行创造性转化和创新性发展。因此，这就要求理论工作者深入古典文献中、深入历史史实中，扎实开展学理研究。只有这样，才能为中华优秀传统文化的创造性转化、创新性发展奠定坚实的理论基础，提供可持续发展的动力。

第二，把握时代需求，回应时代课题，促使中华优秀传统文化为新时代中国社会的发展服务，是推动中华优秀传统文化实现创造性转化、创新性发展的重要着力点。中华优秀传统文化积淀了中华民族数千年的历史经验和优良传统，包含着中华民族对世界的深刻认识。中华优秀传统文化是中华民族的精神命脉，是涵养社会主义核心价值观的重要源泉，也是我们在世界文化激荡中站稳脚跟的坚实根基。中华优秀传统文化这一历史定位，决定了其在以下两个方面可以大有作为。一方面，对内来看，涵养社会主义核心价值观、构建社会主义核心价值体系是当前我国在精神文明建设领域的重大课题。以此为抓手，深入探索中华优秀传统文化与社会主义核心价值观、社会主义核心价值体系之间的内在逻辑关联，深入发掘其对社会主义核心价值观的涵养功能，将有助于充分实现中华优秀传统文化的现代价值。另一方面，对外来看，我国作为一个具有5000多年灿烂文化的文明古国，应如何彰显民族特色以更好的文化形象走向世界，是当前我国在国际发展方面的重大课题。中华优秀传统文化作为中华民族的根和魂，存在于中国人的文化心理结构中，塑造着中国人的性格，潜移默化地影响着中国人的思维特点和处世方式。可以说，中华优秀传统文化不仅是中国古代先贤的智慧结晶，更是中华民族自立于当今世界民族之林的坚实根基。此外，中华优秀传统文化对"包容和谐"的追求，对"和而不同"的倡导，也对彰显我国维护世界和平的大国形象大有裨益。总之，直面并回应时代课题，是中华优秀传统文化在新时代继续焕发生机和活力的关键。

第三，积极探索中华优秀传统文化介入新时代社会生活的可行路径，是中华优秀传统文化实现创造性转化、创新性发展的保障。中华传统文化在历史上曾发挥规范社会行为、引领社会风气的巨大作用。然而，当代中国的经济基础、社会结构、发展目标、国际环境等重要方面与古代中国相比已经发生了根本变化，中华传统文化作为产生于古代并在古代发展成熟的文化形态，其很多思想观念已经不能完全适应现代社会的发展。但是，在日常人伦领域，中华传统文化的优势仍然十分突出，其传统价值理念所包含的对人伦亲情的肯定，对道德价值的追求，对集体主义的崇尚等思想在任何社会形态中都有其不可替代的价值。日常人伦领域是在新时代中对中华优秀传统文化进行创造性转化、创新性发展应该继续坚守并大力拓展的领域。具体地说，在这一领域对中华优秀传统文化进行创造性转化、创新性发展，有两个方面值得特别关注。一方面，应特别关注"家庭建设"。家庭是社会的基本细胞，是人生的第一所学校，无论时代如何变化，无论经济社会如何发展，对一个社会来说，家庭的生活依托不可替代，家庭的社会功能不可替代，家庭的文明作用不可替代。中华传统文化历来重视家庭，将血亲之爱视作仁爱的根基，将修身、齐家看作成就其他一切事情的根本，在家庭建设方面为我们民族留下了丰厚的资产。充分重视这部分资产，将其融入当代家庭美德的建设中，为营造当代优良家风做出贡献，这应当成为中华优秀传统文化进行创造性转化、创新性发展的着力点。另一方面，应特别关注"个体精神世界的安顿"。现代社会竞争激烈，经济因素不断入侵情感领域，加剧了个体精神世界的迷茫、焦虑，而中华优秀传统文化蕴含着个体精神修养方面的丰厚资源，对安顿当代人的精神世界大有裨益。例如，儒家对人生价值以及义利关系的理性认知，道家逍遥的精神追求以及辩证思维方式等，都可以给现代人以启迪，在一定程度上能够起到纠偏的作用。从日常人伦领域入手，在将中华优秀传统文化融入家庭建设和个体身心安顿的过程中，我们需要采用人民群众听得懂的语言，探索人民群众喜闻乐见的形式。只有这样，才有助于提高人民群众对中华优秀传统文化的认知度，才有助于中华优秀传统文化真正走入群众的生活中。在这方面，微博、微信、学者通俗化地讲解、广播电视寓教于乐的传统文化节目等形式都有其可取之处。

第四，增强自我批判意识，吸收外来文化精华，是促进中华优秀传统文化创造性转化和创新性发展应该具备的视野。我们要珍视优秀传统文化，这是中华民族在精神世界彰显自信的前提。如果我们不能坚持在我国大地上形成和发展起来的道德价值，而不加区分、盲目地成为西方道德价值的应声虫，那就真正要提出我们的国家和民族会不会失去自己的精神独立性的问题了。如果没有自己的精神独立性，那政治、思想、文化、制度等方面的独立性就会被釜底抽薪。文化自信是更基础、更广泛、更深厚的自信。在外来文化大量涌入、文化交流日益频繁的当代，传统文化只有保有自我反省、自我批判、自我更新的意识，积极地吸收异质文化中的有益因素以实现建设性转化，才能为子孙后代守住精神家园，使传统文化在新时代焕发光彩。海纳百川是促使中华优秀传统文化实现创造性转化、创新性发展的不可或缺的环节，故步自封没有出路。

第四节　推动中华优秀传统文化与国外优秀文明成果的交流互鉴

一、他山之石：吸收借鉴国外优秀文明成果

（一）要有"以我为主、为我所用"的立场

中国共产党第十七届中央委员会第六次全体会议通过的《中共中央关于深化文化体制改革、推动社会主义文化大发展大繁荣若干重大问题的决定》就"积极吸收借鉴国外优秀文化成果"的问题，确立了"以我为主、为我所用"的立场，这是在充分总结和反思我国"西化"和"中化"的百年论争的基础上提出的立场，值得深入地理解和阐释。自从洋务运动开启中华民族的现代化进程以来，中国学界在如何吸收和借鉴国外优秀文化的问题上提出过各种各样的观点，概括而论，主要有"西化"和"中化"两种代表性观点。"西化"即强调中国"不仅在经济上和科学技术上要引入西方国家的制度和方法，而且在文化上和政治上也要向西方国家学习"；"中化"则认为我们需要向西方国家学习经济和科技，其最终目的是为了

加强中华文化本身的政治制度建设与文化传统传承与创新。① 两种观点的不同源于对文化发展的目标和方法的不同理解，由此出现了各执一端的局面。

主张"西化"的学者重点关注中国文明与西方文明之间的差距，出于忧国忧民的思虑，不仅将西方文明视为学习的楷模，而且将它视为全球普世文明的代表，由此提出从政治、体制、经济、科技、文化等全方位实施"西化"的论点。这一观点通常出现在长期闭关自守的国家的国门被动或主动地打开并实施对外开放政策的初期，如"洋务运动"前期、"辛亥革命"至20世纪30年代、新中国改革开放初期。中西之间的巨大差距所催生的危机感为"全盘西化论""充分西化论"的孕育、传播和盛行提供了土壤，学界几乎以不惜放弃中华传统文化为代价，期望借西方先进的科技、文化、教育、制度之力，快速实现中国体制改革和国力提升。比如，辛亥革命前后，民营翻译机构和私人出版社在上海、南京等地大量涌现，学界以高涨的热情大量翻译、出版和传播西方政治、社会、科学著作，并以旗帜鲜明的文化运动来推进"西化"的进程。② 再如，中华人民共和国改革开放初期，学界和出版界合作，出版了大量西方哲学、文化、社会、科技著作，西方文论及其理性思维几乎成为中国学界的普世法则，而西方文化，尤其是美国文化，则成为人们日常生活中普遍推崇和效仿的范本。

显而易见，"西化"的局限在于将中国文化与西方文化二元对立，试图以过于简单的替换原则来实现中国的政治文化改革和经济腾飞。

"中化"观点始终存在于与"西化"观点的论争中，并随着"西化"观点的缺陷的日益显露而逐渐显示出其主导地位，直至最终替代"西化"立场。可以说，"中化"观点是对"西化"观点的反思和修正。持"中化"观点的学者重点关注中西文化的不同，充分意识到生搬硬套西方文化而全然不顾中国国情的运作方式的弊端和灾难性的后果。他们提出"中国本体论""中体西用论""中西互补论""中国特色论"等观点，反对"西化"论将中西文化二元对立的观点，着重强调中西文化的互补性，指出我们必须在吸收借鉴西方文化的同时复兴中国文化。也就是说，我们要在保持中

---

① 俞可平. 回顾与思考："西化"与"中化"的百年论争 [J]. 新华月报，2011 (24)：22-25.
② 高奋. 辛亥革命前国内重要翻译机构的出版活动与西学的传播 [J]. 中国出版，2011 (19)：28-30.

国的政治文化传统不改变的基础上，充分借鉴西方工业文明，以提升我们的经济实力，实现我国的工业文明现代化。比如，清政府的洋务运动在经历了有关"西化"和"中化"的论战后，最终采纳并确立张之洞的"中学为体，西学为用"观点为基本国策，统领对西方文化的吸收与借鉴。清政府成立江南制造局翻译馆、福州船政局翻译馆、同文馆等机构，重点翻译出版科学技术、国际公法等国家急需的西方书籍，较少翻译政治、社会、哲学等思想类书籍，忠实履行"中体西用"的立场。再如，20世纪30年代以后，学界开始强调中华文化的复兴，呼吁将吸收借鉴西方文化限定在科技现代化范畴之中。

但是，"中化"虽然克服了"西化"将中西文化对立的缺陷，却人为地设定了"体"与"用"之间的对立。用选择性的吸收借鉴来保护本民族的文化，其立场显然是被动保守的，显得底气不足；同时很难实施，极难区分何谓"体"，何谓"用"。

从根本上看，无论是"西化"还是"中化"，它们的共同缺陷在于对中华文化缺乏高度自信和高度自觉。其实，对外来文化的吸收和借鉴，既不是被动的移植或替换，也不是盲目的排斥或选择，我们需要的是鲁迅所主张的"汉唐气魄"："汉唐虽然也有边患，但魄力究竟雄大，人民具有不至于为异族奴隶的自信心，或者竟毫未想到，凡取外来事物的时候，就如将彼俘来一样，自由驱使，绝不介怀。"[1] 只要具备了这样的文化自信和文化自觉，既不盲从也不盲拒，何惧所拿来的究竟是政治、体制、思想还是科技文化。

"以我为主、为我所用"的立场所蕴含和阐发的正是"汉唐气魄"的思想精髓：深深扎根于中华文化的思维、思想和本性，创造性地吸收借鉴国外优秀文化，为我所用，充分激活和创新本民族文化，以一种"道通为一"的深邃和力度表现出中华文化的高度和精妙，为世界的和谐发展提供普世法则。

（二）实践"在对话中创新"的方法，保持"面向世界"的视野

要在吸收借鉴国外文化的过程中，始终遵循和坚持"以我为主、为我所用"的立场，我们需要采取"在对话中创新"的方法，并保持"面向世

---

① 鲁迅. 鲁迅全集：第1卷［M］. 北京：人民出版社，1981.

界"的视野。这两点所体现的正是鲁迅先生所说的"汉唐气魄"的要义，是中华文化走向世界的重要的方式和视野。

"在对话中创新"意指：我们以充足的自信力和自觉性对待本民族文化传统，用本民族最本源的思维方式和最精华的思想观点去审视、观照和对话国外文化，以"为我所用"为基准，在充分吸收的过程中用外来文化激活我们的传统思想，实现中华思想的现代化转型。

"面向世界"意指：我们要有开放的气魄与开阔的视野，敞开胸怀，在充分的借鉴中，以我为主，不断吸收和消融外来文化，创造出适用于世界发展的新文化和新思想，实现中华文化的世界化转型。

在中华文化发展史上，将印度"佛教"改造为中国"禅宗"的吸收、融合、创新过程充分体现了"对话创新"和"面向世界"原则的重要性。印度禅，是公元 6 世纪由印度僧人菩提达摩引入中国的。其时汉代正施行独尊儒术，罢黜百家。当时的学者们借印度佛教传入之际，以道家学说对印度禅进行诠释式、整合式的创造性翻译，不仅给当时沉寂的学术氛围带来清新的思想，而且使遭排斥的老庄思想重新崛起。翻译者用老庄思想彻底改造印度禅，将以"禅定"为中心的印度禅改造为以"慧的意境"为中心的中国禅宗，将印度禅所追求的对佛的崇拜和西方净土改写为中国禅宗对内在自性的觉悟。与此同时，印度禅的根本宗旨始终没有被抛弃，它与中国的禅宗同时并存，适时混用。可以说，"禅宗之禅，是中国僧人和学者，借助创造性翻译，而实现的创造性思维。它建立的基础是中国的庄、老，而不是印度的佛教和婆罗门。它是借佛教之躯，而赋庄、老之魂。它不是一种信仰，而是建立在对自心体认基础上的辩证思维"[①]。

可以看出，在吸收借鉴印度禅的过程中，中国学者所坚持并实施的是"以我为主"的文化对话与创新原则，他们以中国经典的老庄思想为参照，在审视和翻译印度禅过程中创造性地汲取了其中可以"为我所用"的思想，并以此激活被排斥的道家思想，重构其思想活力。而建立在改写和创新基础上的中国禅宗既是中国的，也是世界的，它对世界的影响是广泛而深远的。仅以美国为例，20 世纪中叶开始，禅宗修行普遍流行于美国民间，许多中国禅宗艺术作品和禅宗典籍被翻译成英文出版，为美国该时期的文化运动提供了精神支撑，也为现当代许多美国作家提供了丰富的创作

① 麻天祥. 中国禅宗思想史略［M］. 北京：中国人民大学出版社，2007.

思想和灵感。①

要实现"对话创新"和"世界视野"，我们在文化强国建设中，要特别重视下面几点。

1. 回归中华文化的本源性思维方式

对话创新的先决条件是，对话者必须从自己的本源性思维出发，充分依托其原创性视域与框架，洞见其他文化的优势与局限。所谓本源性思维，即指"一种文化之象征性地把握世界的基本或核心构架"。② 各民族的本源性思维大致形成于人类历史的某一特定时期，在中国即老、庄、孔、孟时代，在西方即苏格拉底、柏拉图、亚里士多德时代，各民族的传统文化由此衍生和发展。基于本源性思维的多元文化交流和对话是催生新思想，激活民族思维的利器。中国禅宗思想的诞生就是极好的例证，学者以中国本源性老庄思想为基础，翻译并改写印度禅，成功地推进、创新和发展了中华文化的思想和特性。

然而，近代以来，民族危机所催生的"西化"运动，通过西化的教育体制和西学中渐的文化传播，虽然让中国学界和民众普遍接受并熟练运用西方的理性、逻辑、科学的"概念思维"方式，却将中华民族本源性的"意象思维"方式丢弃了。实质上，西方和中国的本源性思维存在着极大的差异，前者旨在"从有形的物质之'体'出发，研究不同类型的'体'的结构、形态、性质及其运动规律"，③ 后者"不对现象做定格、分割和抽取，而是要尽量保持现象的整体性、丰富性与动态性。……它也对事物进行概括，发现事物的普遍性，但始终不离开现象层面。概括的结果，依然以'象'的形式出现。"④ 国内部分学者，由于普遍接受西方理性思维，习惯于以西方的眼光看中华文化，常常在不知不觉中用西方文论强行解读中国传统文化，所看到的均是西方文化的优势和中国传统文化的弱势。由此展开的中西对话只能导致一种被动的西方文化移植，因为他们连产生中华民族新思想的根基都没有。

---

① 钟玲. 中国禅与美国之学［M］. 北京：首都师范大学出版社，2009.
② 王南湜. 中西思维方式的差异及其意蕴析论［J］. 天津社会科学，2011（5）：43-52.
③ 刘长林. 中国象科学初探［J］. 中国社会科学院研究生院学报，2005（6）：49-56，144.
④ 刘长林. 汉语、汉字与意象思维［J］. 汉字文化，2006（5）：9-16.

当务之急，是要重新进入并领悟中国文化的传统经典，感悟并回归中华民族的本源性思维方式，为真正意义上的中外文化对话创造条件，为新思想的诞生创造条件。

2.充分发挥中华文化的特质

基于"意象思维"之上的中华文化在思考和实践中，具有别具一格的独特性，可以在我们吸收和借鉴国外优秀文化时发挥巨大的作用。这些文化独特性主要包括整体性、关联性、互补性和可变性。

整体性有益于我们看清并消解西方思维"只见树木，不见森林"的局限，以整体视野领悟西方人不断创新又不断自我解构的流变观念的内涵，并用它的创新活力激活我们的传统思想。关联性和互补性有助于我们超越西方文化最为根本的二元对立立场，从其相互割裂、相互排斥的思想碎片中构建出既具有整体性又包罗万象的新思想。可变性有益于我们克服西方思维中的否定性倾向，以辩证的方法洞见千变万化的表象之下的共通性。

3.为文化创新营造良好的政治、社会、教育、传媒环境

要让我们的文化拥有世界的眼光和全球的胸怀，强有力的民族自信和文化自觉是关键。在新时代中国文化转型过程中，我们需要实现传统性与现代性、民族性与世界性的统一，更需要在政治、社会、教育、传媒等诸多领域有力弥补我们近百年中失落的中华传统思想和思维。在世界化的进程中，中华文化走进世界与世界文化走进中国是同等重要的。

二、交流互鉴：积极参与世界文化的对话交流

当今世界正面临着百年未有之大变局，霸权主义、强权政治依然存在，保护主义、单边主义不断抬头，治理赤字、信任赤字、和平赤字、发展赤字成为摆在全人类面前的严峻挑战。文化交流和文明对话重在求同存异、协作共赢，是消除隔阂和误解、促进民心相知相通的重要途径。党的十八大以来，习近平总书记在不同场合多次强调文化交流和文明对话的重要性，并作出一系列重要部署，着力推动人类命运共同体的构建，在共建"一带一路"中实现政策沟通、设施联通、贸易畅通、资金融通、民心相

通五大领域齐头并进，为构建相互尊重、公平正义、合作共赢的新型国际关系夯实人文基础。面向未来，加强对外文化交流和多层次文明对话，推动文明交流互鉴走实、走深，需要在以下几方面着力。

第一，一切生命有机体都需要新陈代谢，否则生命就会停止。文明也是一样，如果长期自我封闭，必将走向衰落。交流互鉴是文明发展的本质要求，只有同其他文明交流互鉴、取长补短，才能保持旺盛的生命活力。人类社会发展是一个从封闭走向开放的过程，文明交流不仅推动了中国与世界的对话，也为人类社会共同发展注入了新生机。从历史上的佛教东传、"伊儒会通"，到近代以来的"西学东渐"、新文化运动、马克思主义和社会主义思想传入中国，再到改革开放以来全方位对外开放，中华文明始终在兼收并蓄中历久弥新；而中国的造纸术、火药、印刷术、指南针、天文历法、哲学思想、民本理念等在世界上影响深远，有力推动了人类文明发展进程。

第二，尊重文明多样性，推动平等交流。和而不同、兼收并蓄，是中华民族亘古通今的文明立场。人类只有肤色语言之别，文明只有姹紫嫣红之别，但绝无高低优劣之分。当今世界有 200 多个国家和地区、2500 多个民族，每一个群体都在历史发展中留下了独特智慧，尊重每一种文明的独特价值，不轻视、不贬损其他文明，是中国的一贯做法。建设文化强国，要承认和尊重文化多元性、文明多样性，秉持开放包容、互学互鉴的理念，加深对自身文明和其他文明差异性的认知，以更自信的心态、更宽广的胸怀，深入开展同各国文化交流合作，广泛参与世界文明对话；要善于搭建诸如"亚洲文明对话大会""中非合作论坛"等跨国别、多层次的新型对话平台，坚持国家不论大小、强弱、贫富，都在人类共同事务上享有发言权、合作权，通过开展领域广泛、形式多样的文化交流与文明对话，让世界人民更好地了解中国，让中国人民更好地了解世界。

第三，坚定文化自信，传承弘扬中华优秀传统文化。文化交流和文明对话的根基是认识、维护和发扬本国、本民族的思想文化。只有扎根本国土壤，坚定文化自信，才有底气传播本国文明，才有能力吸收并借鉴其他文明。对中国而言，在建设文化强国、推进文明交流过程中，既要做到对中华文明自觉自知、对中国文化了如指掌，也要对优秀传统文化进行创造性转化和创新性发展，创造出与当代文化相适应、与现代社会相协调的文化新样态，打造融通中外的文化新概念、新范畴、新表述，增强中华文明的生命力和影响力，推动中华文明与其他人类文明成果有机互动、相通相融。此外，5000多年的中华文明是由一代代劳动者的点滴智慧汇聚而成的，文明的创造、文化的创新，都源自人民。在发展文化、传承文明的过程中，要善于激发人民群众的积极性、主动性、创造性，尊重人民主体地位，提振全民族的精气神，推动文化繁荣发展，进而创造更大的文化奇迹。

第四，运用现代传播手段，拓展中外文明交流空间。习近平总书记高度重视现代传播手段，他在中共中央政治局第十二次集体学习时提出要"形成资源集约、结构合理、差异发展、协同高效的全媒体传播体系"。随着媒体融合深入推进、全媒体传播体系日臻完善，建设文化强国的技术基础与以往有所不同，推动文化交流与文明对话的平台也发生了显著变化。大数据、人工智能等前沿技术被运用到各类文化信息的采集、生产和分发之中，增强了中华文明与世界其他文明的触达连接程度，为展示新时代中国形象搭建了新平台。我们要利用好全媒体手段，创新推进国际传播，坚持贴近中国实际、贴近国际关切、贴近国外受众，运用对方听得懂、易接受的话语体系和表述方式，主动讲好中国共产党治国理政的故事、中国人民奋斗圆梦的故事、中国共产党和中国人民血肉联系的故事、中国坚持和平发展合作共赢的故事，搭建起中国人民同世界各国人民有效互动交流的桥梁，让世界更好地读懂中国，与世界各国携手谱写人类文明的新篇章。

参考文献

[1] 张绍元. 文化自信 中华优秀传统文化核心思想理念读本［M］. 北京：中国言实出版社，2018.

[2] 李素霞，杜运辉. 中华优秀传统文化的传承与创新研究［M］. 北京：光明日报出版社，2021.

[3] 张岂之. 中华优秀传统文化的核心理念［M］. 南京：江苏人民出版社，2016.

[4] 姚晓红，冉冉，任霏. 中华优秀传统文化与当代大学生社会主义核心价值观的构建［M］. 石家庄：河北人民出版社，2017.

[5] 马怀立，姜良威，张毅. 中国传统文化［M］. 天津：天津人民出版社，2016.

[6] 阮春晖. 中华优秀传统文化传承创新的理论视域［J］. 邵阳学院学报（社会科学版），2021，20（4）：13-19.

[7] 张宏，梁函. 视域融合理论对中华优秀传统文化教育的启示［J］. 青海社会科学，2022（1）：194-200.

[8] 王源. 媒介融合视域下中华优秀传统文化具象化传播创新研究［J］. 高等学校文科学术文摘，2021，38（2）：168-169.

[9] 怀自国. 中华优秀传统文化发展视域下高中语文课程教学创新研究［J］. 华夏教师，2021（35）：65-66.

[10] 雷世威. 中华优秀传统文化的思政教育创新传承［J］. 中学政治教学参考，2022（20）：105.

[11] 郑承军. 从文化大国走向文化强国［M］. 北京：北京时代华文书局，2020.

[12] 刘建琼，罗慧. 基于文化自信的区域教育史志研究［M］. 长沙：湖南教育出版社，2018.

[13] 许青春. 中国特色社会主义理论体系的传统文化基础研究［M］. 济南：山东大学出版社，2018.

[14] 戴冰. 青年思想政治工作学引论［M］. 上海：上海交通大学出版社，2019.

[15] 林丹. 中华优秀传统文化核心价值观的历史渊源、发展脉络与基本走向［J］. 文化软实力，2017，2（2）：62-69.

[16] 季明. 正确把握弘扬中华优秀传统文化与培育和践行社会主义核心价值观相互关系［J］. 山东干部函授大学学报（理论学习），2015（2）：18-22.

[17] 张业蕾. "立体交互式"大学生社会主义核心价值观教育模式研究［M］. 徐州：中国矿业大学出版社，2018.

[18] 高原丽. 在建设文化强国新征程上奋力前行［J］. 奋斗，2021（1）：29-30.

[19] 颜春永. 保护非物质文化遗产　弘扬中华优秀传统文化［J］. 祖国，2018（18）：48-50.

[20] 王启涛. 中华优秀传统文化资源的保护与利用实践研究——基于四川省的考察分析［J］. 西南民族大学学报（人文社会科学版），2019，40（10）：1-9.

[21] 赖发明. 传承中华优秀传统文化背景下"后珠玑巷"文化保护传承的困境与对策［J］. 质量与市场，2020（18）：40-42.

[22] 王聪. 加强非遗保护　传承发展中华优秀传统文化［J］. 北京人大，2018（8）：54-55.

[23] 苏小燕. 保护传承文化遗产　助推中华优秀传统文化教育［J］. 中国高等教育，2017（24）：38-39.

[24] 成新湘. 加强非物质文化遗产保护　传承发展中华优秀传统文化［J］. 中国人大，2019（11）：38.

[25] 毕绪龙. 中华优秀传统文化创造性转化、创新性发展的实践思考［J］. 沂蒙干部学院学报，2022（2）：82-88.

[26] 李新潮. 中华优秀传统文化创造性转化创新性发展的运行机理［J］. 理论学刊，2022（2）：25-33.

[27] 纪潞. 推动中华优秀传统文化创造性转化创新性发展［J］. 长春市委党

校学报，2022（2）：44-48.

[28] 王丽霞. 中华优秀传统文化创造性转化和创新性发展路径探析 [J]. 山东社会科学，2021（11）：85-92.

[29] 冯颜利. 习近平对推进中华优秀传统文化创造性转化和创新性发展的贡献 [J]. 贵州省党校学报，2021（5）：13-22.

[30] 谭磊. 两岸青年的共同使命：促进中华优秀传统文化创造性转化和创新性发展 [J]. 武汉理工大学学报（社会科学版），2020，33（5）：75-79.

[31] 阮晓菁，肖玉珍. 习近平关于"中华优秀传统文化创造性转化、创新性发展"论述研究 [J]. 思想理论教育导刊，2019（1）：30-33.

[32] 高星. 中华优秀传统文化创造性转化和创新性发展的方法论原则 [J]. 马克思主义文化研究，2019（1）：120-133.

[33] 王仕民，黄科. 从"君子人格"到"时代新人"——中华优秀传统文化的传承与创新 [J]. 理论探索，2022（4）：23-29.

[34] 陈春生. 中国梦视域下中华优秀传统文化的传承与创新 [J]. 共产党员（河北），2022（10）：56.

[35] 李佳辉. 习近平关于中华优秀传统文化传承创新重要论述研究 [D]. 北京：北京交通大学，2021.

[36] 朱小颖. 习近平传承创新中华优秀传统文化研究 [D]. 镇江：江苏大学，2021.

[37] 高欣. 马克思主义文化观视域下的中华优秀传统文化"双创"研究 [D]. 贵阳：贵州师范大学，2021.

[38] 秦冰馥. 中华优秀传统文化融入高校思想政治教育研究 [D]. 长春：东北师范大学，2021.